TRADING CONTRO IL TREND!

Heikin Ashi Trader

DAO PRESS

Prima edizione, marzo 2019

Le informazioni qui presentate rappresentano il punto di vista dell'autore alla data di pubblicazione. Questo libro è presentato solo a scopo informativo e di intrattenimento. A causa della velocità con cui cambiano le condizioni economiche e culturali, l'autore si riserva il diritto di modificare e aggiornare le sue opinioni in base alle nuove condizioni. Sebbene sia stato fatto ogni tentativo di verificare le informazioni contenute in questo libro, né l'autore né i suoi affiliati / partner si assumono alcuna responsabilità per errori, inesattezze o omissioni. In nessun momento le informazioni contenute nel presente documento saranno considerate come consulenza professionale, d'investimento, fiscale, contabile, legale o medica. Questo libro non costituisce una raccomandazione o un mandato di idoneità per qualsiasi particolare attività, settore, sito web, sicurezza, portafoglio di titoli, transazioni o strategia di investimento.

Pubblicato da:

Dao Press
Dao Press è un marchio di Splendid Island, Ltd.
Scanbox # 05927
Ehrenbergstr 16a
10245 Berlino - Germania
Tutti i diritti riservati

SOMMARIO

PARTE 1:
LA STRATEGIA DI TRADING SNAPBACK

CAPITOLO 1

FAI TRADING QUANDO LA MASSA HA PAURA

"Credo che i migliori soldi si facciano sui punti di svolta del mercato. Tutti dicono che si viene uccisi cercando di intercettare il massimo e il minimo e si fanno tanti soldi sfruttando il trend dominante. Bene, per dodici anni, non ho raccolto i frutti dell'investire in trend, ma ho fatto un sacco di soldi sui massimi e sui minimi."

Paul Tudor Jones

Chiunque inizi a fare trading sul mercato azionario dovrebbe essere impavido. Non dico insensibile, dico proprio senza paura. Se vuoi vincere come trader, devi essere disposto a intraprendere trade che difficilmente qualcuno osa prendere. È così da sempre. Se fai la stessa cosa che fa il resto della massa, ottieni ciò che guadagna la massa: quasi nulla.

Pertanto, se vuoi fare qualcosa di pazzo come il trading, allora dovrebbe valerne la pena. Chiunque abbia letto i miei libri sullo scalping sa che sono un trader in controtendenza. Ciò significa: aspetto che un trend si esaurisca e poi prendo la direzione opposta. Come scalper, mi sembra logico cercare di fare trading nei punti di svolta di cui parla Paul Tudor Jones nella citazione.

Questa configurazione ha convinto molti scalper. Tuttavia, molti, come me, hanno notato negli ultimi anni che non è sempre stato facile trovare mercati in cui si potesse applicare bene lo scalping. Il metodo funziona meglio nei mercati bearish. Ho sviluppato il metodo soprattutto per questi mercati.

Nei mercati rialzisti di lunga durata, come è avvenuto dal 2009 (a partire da novembre 2018), la volatilità continuerà a prosciugarsi. Quindi, diventa sempre più difficile trovare un mercato in cui è possibile fare un buon scalping, utilizzando questo metodo. Pertanto, molti scalpers hanno iniziato a operare secondo i classici metodi di trading giornalieri. Alcuni fanno trading su un grafico a 5 minuti o anche a 15 minuti. Altri hanno iniziato a usare il mio metodo su time frame più lunghi. Certo, funziona in entrambi i casi, perché si basa sul principio universale: le migliori opportunità sono sui punti di svolta.

Esistono alternative per i periodi di bassa volatilità? Una di queste è la **strategia snapback**. Che cos'è? Tutti sanno che se allunghi un elastico, alla fine si spezzerà.

Inoltre, più lo allunghi, più forte sarà il contraccolpo. Questo principio si applica anche al mercato azionario. Questo è il motivo per cui parliamo di "snapback", cioè la banda si riprende dopo che un movimento è stato allungato in modo esagerato.

Questo metodo si basa sul presupposto che quando un mercato fa una mossa estrema in una direzione, si può presumere che seguirà una reazione negativa. Sebbene sia difficile anticipare il movimento precedente, il trader può aspettarsi un contro movimento con un'alta probabilità. Il trader che utilizza lo snapback si basa su questa probabilità. Non cerca nemmeno di indovinare se un mercato farà un importante movimento al rialzo o al ribasso. Lui aspetta pazientemente. Se percepisce un movimento di questo tipo, si posiziona nella direzione opposta non appena il movimento precedente esita o mostra segni di debolezza.

Figura 1: Bitcoin, grafico settimanale 2016 – 2018

Nella figura 1, si vede l'esempio di un mercato che si è allungato in modo particolarmente intenso. Si è letteralmente schiantato dopo essere esploso come un razzo, come se non ci fossero limiti. Almeno, era quello che pensavano gli ottimisti cripto trader, sognando prezzi ancora più alti.

Questo grafico mi ricorda i tempi della bolla delle dotcom nel 2000. Migliaia di nuovi "trader" sono comparsi dal nulla, pensando che le leggi di gravità fossero state respinte. Qualsiasi operatore di borsa esperto sa che è solo una questione di tempo prima che il castello di carte collassi. È stato così dopo la bolla delle dotcom. È successo con le cripto-valute e sarà sempre così quando un mercato fallisce, come se le leggi di Newton improvvisamente non si applicassero più. Questo fenomeno è l'argomento di questo libro. Voglio esplorare situazioni di mercato che stanno chiedendo ad alta voce all'elastico di tornare indietro.

Chiunque legga i miei libri di scalping riconoscerà il setup. Sono uno di quei trader che non cerca di prevedere le principali mosse del mercato (una specialità degli analisti). Non posso prevedere questi movimenti quanto vorrei, quindi certamente non ci provo. Quello che posso davvero aspettarmi è che, dopo un movimento estremo, di solito si verifica un contro-movimento, una correzione. Il mio metodo si basa su questa logica.

Da sempre i trader fanno trading con il metodo snapback o una variante di esso. Ad esempio, alcuni trader sono specializzati nel trading di movimenti estremi in azioni più piccole, le cosiddette "penny stock". Soprattutto se quegli stessi trader sono in grado di andare short sulle ipercomprate penny stock.

Gli scrittori di newsletter amano raccomandare una short list di penny stock ai loro lettori. Impressionano i lettori con storie molto positive su questa piccola azienda. I lettori chiamano il loro broker e acquistano tutte le azioni disponibili, che di solito costano solo pochi centesimi sul mercato azionario. Questo è il motivo per cui sono chiamate penny stock. Certo, si chiude rapidamente in un così piccolo "mercato". Presto i lettori satureranno completamente il portafoglio ordini di questo titolo. Il risultato è che l'azione inizia a salire in modo massiccio. Gli aumenti di prezzo del 100 o del 200% entro due o tre giorni sono abbastanza comuni. Una tale esagerazione porta inevitabilmente sulla scena i trader snapback, specializzati nel mettere in cortocircuito tali titoli. Essi cercano di costruire posizioni short nel momento in cui termina il momentum nel titolo. Tutti hanno comprato e si sono seduti sui profitti. I primi stanno iniziando a portare a casa i loro profitti, mettendo sotto pressione il prezzo dell'azione. Quando gli short seller entrano nell'operazione, la pressione aumenta.

Non di rado, l'azione si schianta completamente, spesso anche in modo più profondo rispetto al prezzo al quale l'azione veniva raccomandata nella newsletter. Inutile dire che i trader snapback intelligenti sono quelli che a questo punto stanno facendo un buon profitto. Non i "lettori - investitori". Tuttavia, i trader devono stare attenti, perché potrebbero avere torto con il loro timing e l'azione potrebbe salire ancora per un po'. Se, in questo caso, il trader snapback non chiude rapidamente le sue perdite, potrebbe subire una perdita ancora maggiore.

Ci sono sempre stati truffatori (molto spesso gli editori di quegli stessi bollettini del mercato azionario), che in precedenza avevano acquistato l'azione prima che venisse raccomandata nella loro newsletter di mercato. Quando i loro "lettori-investitori" iniziano a comprare, loro cambiano improvvisamente lato diventando venditori. In questo modo, ne beneficiano due volte. No, tre volte. In primo luogo, fanno soldi con gli abbonamenti delle loro newsletter (un affare redditizio!). Poi fanno soldi quando l'azione inizia a salire. Infine, ma ancora più importante, quando il castello di carte crolla, spesso fanno soldi costruendo posizioni short. Queste persone fanno trading contro i loro stessi lettori delle loro newsletter. La maggior parte di ciò avviene attraverso alcuni uomini di paglia.

Questa pratica è illegale. Ci sono state condanne spettacolari in passato. Inoltre, anche se tutti sanno che i regolatori possono identificare questo tipo di frode, sorprendentemente, ci sono sempre state persone che le hanno perpetuate. Se vuoi sapere come funziona e divertirti, tutto ciò che devi fare è guardare il film "Il lupo di Wall Street" con Leonardo DiCaprio. Questo film mostra come funziona questa pratica. Tuttavia, il film è ambientato negli anni ottanta, dove i "manichini", quindi i "lettori-investitori" delle newsletter, sono stati attirati al telefono. Certo, oggi succede via email. Ma il principio è sempre lo stesso.

Ad ogni modo, questo libro non parla del trading di penny stock e certamente non delle pratiche illegali. Piuttosto, voglio mostrare al lettore come beneficiare anche dei movimenti estremi, a condizione che superi la sua paura di fare il contrario di ciò che fa la massa.

Ad esempio, se un mercato corre in alto per sette ore e ci sono i primi segni che gli acquirenti stanno esaurendo la liquidità dedicata agli acquisti (perdendo slancio), allora si può essere sicuri che io sto dall'altra parte del mercato. Sono short. E onestamente, farlo è spaventoso. A volte potresti essere un po' spaventato, a volte davvero molto spaventato. Non faccio eccezione Anch'io sono spaventato. Se tutto il mercato va long e tu hai una posizione short, allora senti davvero di essere vivo.

Viceversa, è lo stesso. Se il mercato è caduto tutto il giorno a causa di qualche evento, e tutti sono short, allora puoi supporre che io sia long. E anche questa posizione mi spaventa. Io contro il resto del mondo. Questo è ciò di cui tratta questo libro: **Io contro il resto del mondo.**

Non parlerei di trading snapback se non credessi che ci fosse una solida strategia di trading dietro a questo metodo. Altrimenti, tutto ciò che sto condividendo qui sarebbe inutile. Vorrei chiarire ancora una volta che questo metodo non è di mia invenzione, ma è sempre stato usato da trader intelligenti in tutto il mondo. Forse non ne hai ancora sentito parlare, perché quelle persone non fanno cerimonie dei loro affari. Questi operatori hanno interiorizzato il metodo di assumere la posizione opposta dei movimenti estremi, in modo che da non doverci più pensare. Vanno short solo quando la massa dei trader non si sogna nemmeno di andare short; se vanno short completamente (sappiamo che solo l'1% degli investitori va completamente short).

La maggior parte delle persone ha solo bisogno di una sorta di "conferma" che il mercato abbia fatto una svolta e che è il momento di fare trading nella direzione opposta. Alcuni potrebbero dire che hanno bisogno di "un segnale" per andare long o short. C'è un'intera industria del mercato azionario che prospera nel fornire questi "segnali" ai trader inesperti. Se intendi iscriverti a tale "servizio a segnale", perderai nel lungo termine. Credimi, l'ho provato diverse volte nei miei primi giorni e ci ho sempre sbattuto il naso contro.

Perché? Perché quando arriva il "segnale", l'opportunità è già passata. Questi segnali di solito arrivano troppo tardi. Pensaci: in primo luogo, l'analista deve riconoscere il segnale sul grafico. Questo si verifica quando i suoi indicatori gliene forniscono uno, soprattutto quando il mercato si è già trasformato ed ha cominciato ad andare dall'altra parte. Quindi l'analista (che, a proposito, non agisce sui propri segnali – lo lascia fare ai lettori della sua newsletter sui segnali) va al computer e inizia a scrivere un eccitante rapporto, affermando che i suoi indicatori gli hanno fornito un segnale significativo. Di norma, sono già passate alcune ore. Se poi scrive il suo rapporto nella mailing list e infine fa clic su "invia", saranno passate ancora diverse ore prima di ricevere la posta. A seconda delle dimensioni del servizio di segnale, i lettori iniziano a comprare e alla fine, anche tu. Pensaci. Non tutti si trovano all'inizio della catena alimentare.

Il lettore potrebbe averlo già indovinato. Se aspetti sempre la conferma, la massa sarà già andata avanti. Se entri nel mercato, otterrai un prezzo decisamente peggiore rispetto a quello a cui avresti comprato, ad esempio, quando il mercato era interamente in ribasso. Questo è auto-esplicativo, potresti pensare. Il vecchio esperto del mercato azionario tedesco Andre Kostolany ha riassunto la questione in modo appropriato: "Devi comprare quando il sangue scorre nelle strade". In realtà, questo detto è l'espressione del senso comune stesso. Le domande che mi faccio sono: "Perché è così difficile per i trader mettere in pratica questa saggezza sul mercato azionario? E perché molti trader sono così spaventati dal comprare quando il sangue scorre nelle strade? E perché sei così spaventato da andare short quando il resto del mondo è long?"

L'affermazione che faccio in questo libro è semplice, ma molto diretta: se non si avverte la paura quando si fa trading, allora la posizione probabilmente non vale la pena di essere presa.

In altre parole, *fai trading solo quando sei spaventato.*

Alcuni trader possono dare per scontato il mio approccio. Non dovrebbero. Ti chiederai quanti operatori acquistano o vendono su punti nel grafico che sono irrilevanti. Questo è il motivo per cui dico: fai trading solo quando hai paura.

Per le persone che non sono abituate a fare trading, tale affermazione potrebbe sembrare assurda. Come puoi rischiare il tuo denaro sulla base della paura! Tuttavia, questo è esattamente ciò che è devi fare. Se hai solo una piccola esperienza nel mercato azionario, sai che qui le cose non sono razionali, come gli economisti e gli analisti vorrebbero che fosse. Il mercato azionario è spesso pazzo. Quasi ogni giorno, puoi trovare qualche tipo di esagerazione. E questo è esattamente ciò con cui i veri trader fanno i loro soldi.

Se il mercato azionario fosse un'entità razionale (come suggeriscono gli ingegneri del mercato azionario, come li chiamo io), non ci sarebbe alcun motivo per entrarci. Perché quindi ogni prezzo indicato dai grafici sarebbe un prezzo ragionevole e giustificato dai cosiddetti dati fondamentali. Quindi *l'ipotesi dell'efficienza del mercato* avrebbe vinto. L'ipotesi dell'efficienza del mercato afferma che i prezzi del mercato azionario riflettono tutte le informazioni disponibili in quel mercato. Chiunque abbia solo un po' di esperienza nel trading sa che non è così.

Tuttavia, la domanda non è: "Come si sottomette questa cosa irrazionale chiamata mercato azionario?" Questo è quello che stanno cercando di fare gli ingegneri del mercato azionario. Progettano strategie basate su back test, che vengono sviluppati dai loro programmi per computer. Non c'è niente di sbagliato in questo. Ne ho sviluppato anch'io e ho anche scritto un bel libro sull'argomento. Conosco questo modo di pensare molto bene e rispetto i trader che lo scelgono.

Ho scritto questo libro per gli operatori più inclini ad ascoltare il loro istinto. Se impari ad ascoltare il tuo istinto, potrai avere lo stesso successo sul mercato azionario di quelli che calcolano il tutto e poi lo eseguono da un programma per computer. Vorrei chiedere ora agli ingegneri di lasciare la stanza. Invece, quelli che io definisco "trader pazzi", ovvero gli operatori disposti a fare cose che le masse di trader non oserebbero mai fare, possono rimanere. In altre parole, d'ora in poi parleremo di quei trade che ti fanno davvero paura. Perché, come diceva il poeta romano Plauto: *Abducet praedam, qui occurit prior.*

(Latino: Il primo uccello prende il verme)

CAPITOLO 2

— ❁ —

PERCHÉ NON SEGUO IL TREND

Compra sui massimi e vendi più in alto o vendi sui minimi e acquista più in basso. Questo è il mantra dei seguaci del trend. Sembra buon senso. Di solito, è quello che raccomanda la quasi totalità dell'industria del trading. Ragione sufficiente per essere scettici.

Il problema è che il trading in trend non funziona per la maggior parte dei trader. Ora, potreste incolparmi per aver cercato di fare trading sul massimi e sui minimi grazie a una semplice ipotesi. Perché chi può sapere dove sarà il massimo o il minimo del giorno o della settimana? Nessuno.

Potrebbe essere vero. Comunque, è per questo che seguire il trend vuol dire essenzialmente "indovinare". Perché l'ipotesi che il mercato continuerà nella direzione attuale del trend è per l'appunto solo un'ipotesi. Come faccio a saperlo di sicuro?

Per me, i trader che vogliono seguire il trend agiscono in modo subliminale anche per paura. Vogliono sentirsi "al sicuro" nella massa, perché la massa segue il trend. È sempre più sicuro, o ci si sente più sicuri, quando si va con la folla e quindi con il trend. Poiché le masse stanno sul sentiero sicuro e hanno paura di essere notate, i risultati di questo percorso sono generalmente mediocri.

Il meglio che puoi aspettarti se decidi di operare così, è un profitto moderato. Questo è il motivo per cui dico che se vuoi essere tra i vincitori del mercato azionario, dovrai guardare la tua paura negli occhi. Dovrai imparare a percorrere una strada solitaria e sicuramente dovrai imparare ad agire contro la maggior parte dei trader.

Ecco perché sono un contrarian, un trader che agisce contro il trend. Sono un operatore che va long quando il mondo intero è short e viceversa. È scomodo e certamente non per tutti, ma è importante capire perché il mio metodo contro il trend funziona. Vorrei spiegarlo nei prossimi capitoli.

CAPITOLO 3

RITORNO VERSO LA MEDIA

Prima di entrare nei dettagli di questo metodo di trading, dovremmo innanzitutto considerare il motivo per cui i trade possono andare contro il trend e perché è meno rischioso di quanto sembri a prima vista. Stiamo parlando dell'*effetto mean reversion, il ritorno verso la media*. Il termine deriva dalla statistica, in cui è meglio conosciuta come "regressione verso la media". Descrive il fenomeno spesso osservato per il quale, dopo una misura estrema, la misurazione successiva è ancora una volta più vicina alla media, se il caso ha un'influenza sulla variabile misurata.

Anche se sembra complicato, in realtà è qualcosa di molto semplice. Significa che più le misurazioni sono lontane dalla loro media, più è probabile che vi ritornino.

In termini di mercati finanziari, questa teoria implica che i mercati che non si correggono nel tempo, non solo per caso, tendono a esagerare. I mercati, hanno per così dire una "memoria" e tendono a invertire i movimenti precedenti.

In particolare, ciò significa che qualsiasi aumento di prezzo deve essere corretto a un certo punto (cioè deve essere sostituito dal calo dei prezzi). In poche parole: "Ciò che sale, deve scendere" e viceversa.

Il ritorno alla media, significa che, a lungo termine, i prezzi non si limitano a fluttuare intorno a un livello medio, ma tornano anche attivamente su di esso. La teoria è quindi in contrasto con la già citata ipotesi di efficienza del mercato.

L'idea alla base del ritorno verso la media è che i prezzi "lontani" dalla media alla fine torneranno indietro.

Una strategia di trading basata sul ritorno verso la media si basa sull'aspettativa che le variazioni estreme dei prezzi dovranno ritornare al valore medio precedente. Naturalmente, questo vale sia per i prezzi estremamente alti che per i prezzi estremamente bassi.

Ora, come sai, esistono diversi indicatori di analisi tecnica basati su questa ipotesi. I più noti sono l'RSI (Relative Strength Index) e i vari indicatori stocastici.

Sebbene molte strategie di trading si basino su questi indicatori, o li utilizzino per generare segnali, hanno dimostrato di essere inadeguati quando si tratta di generare segnali di trading proficui. Il tasso di errore è troppo alto, indipendentemente da come modifichi i parametri.

La ragione per il "fallimento" di questi indicatori datati è semplice. Ciò che gli statistici descrivono come media non è statica. Inoltre, non è fissa in modo permanente, quindi il trader deve solo "aspettare" che i prezzi si avvicinino di nuovo a quel valore. Potresti finire per aspettare a lungo, e l'attesa potrebbe anche essere vana.

Ad esempio, qui possono essere applicati i rendimenti medi dei titoli a reddito fisso. La media statistica è storicamente attorno al 3%. Tuttavia, il rendimento è stato molto inferiore dal 2010 e gli investitori hanno dovuto aspettare molto prima che i rendimenti si avvicinassero al loro "valore storico". In parole semplici, ciò significa che i valori medi non sono quantità statiche *fissate* per sempre, ma variabili dinamiche influenzate da effetti esterni, come l'inflazione. I valori medi sono quindi obiettivi di prezzo "in movimento", il che rende ovviamente difficile da calcolare in modo esatto.

Se il valore medio dei titoli a reddito fisso rimane ragionevolmente stabile al 3%, appare molto diverso questo tipo di ragionamento in un mercato come quello del petrolio. Qui, la media statistica è stata di

$ 31 dal 1960. Sono passati molti anni e siamo molto lontano da quel numero e di nuovo, la domanda è se mai vedremo ancora quel valore, anche se non è impossibile. Se il più grande produttore di petrolio al mondo, Aramco dall'Arabia Saudita, ad un certo punto otterrà finalmente la sua IPO, allora potremmo presto vedere i valori ben al di sotto di questo valore medio, perché allora gli sceicchi petroliferi dovrebbero mettere le loro carte sul tavolo e raccontare al mondo intero quanto petrolio hanno effettivamente. Se questo dovesse accadere, e si è scoperto che i sauditi hanno abbastanza petrolio per riempire tutti gli oceani del mondo (il che non è improbabile!), potremmo vedere rapidamente un prezzo di $31 per il petrolio o anche prezzi molto più bassi. Quindi, presta attenzione alle opinioni affrettate sul prezzo del petrolio.

Questo mi ricorda un incontro che ho avuto diversi anni fa, con un trader americano che stava visitando Berlino. Quando ho sentito cosa stava facendo, l'ho invitato in un ristorante e lui ha accettato volentieri. Era un uomo amichevole, ma discreto, che non raccontava grandi storie sul suo lavoro. Mi guardò sorpreso quando gli chiesi se poteva spiegarmi la sua strategia di trading. Sono stato il primo nella sua carriera di 30 anni a essermene interessato, ha detto. "Come può essere?", ho chiesto? Rispose che tutti gli altri volevano vendergli qualcosa o dargli la loro opinione sui mercati. Nessuno era interessato a quello che faceva. Ero ovviamente la prima persona a chiedergli del suo metodo.

Ho trascorso quattro ore in un ristorante di Berlino con questo trader. Non riusciva a credere che io volessi ascoltarlo. Di tanto in tanto, gli facevo qualche piccola domanda di chiarimento, alla quale rispondeva con piacere. Non troverai nulla su questa persona né su internet né da nessun'altra parte. Non ha un sito web, né ha bisogno di "pubblicità" per trovare clienti. Anzi. Siccome ha già una certa età, sta valutando di smettere ed è più preoccupato di liberarsi dei suoi clienti. Nel suo caso, non è così facile. Conosce personalmente ogni cliente ed è persino amico di alcuni di loro. Si prende anche la briga di incontrare ciascuno di loro una volta all'anno per discutere lo sviluppo dei loro account e dei loro obiettivi finanziari. Ha dozzine di clienti e alcuni sono con lui da decenni. Due di loro erano tra i suoi primi clienti e gli sono rimasti fedeli per tutti questi anni.

Questo operatore ottiene un rendimento annuale dal 10 al 15%. Ha avuto pochissimi anni in perdita, o quasi nessuno. Non ci meraviglia che i suoi clienti fossero soddisfatti. Ecco perché non ha bisogno di "marketing". Con questa persona, tutti i suoi affari avvengono grazie al passaparola. E ha più clienti di quanti ne vorrebbe avere. Nonostante il suo successo, è rimasto eccezionalmente modesto.

Naturalmente, i suoi conti variano nelle dimensioni. I principianti possono portargli $ 50.000 o $ 70.000. Altri sono entrati con somme più grandi. Ha anche diversi conti di diversi milioni di dollari perché è stato capace di farli crescere parecchio nel corso degli anni. Questo trader ha avuto rapporti con diversi milionari durante la sua carriera. Alcuni hanno effettivamente chiuso il loro deposito con lui e da allora, hanno vissuto come individui privati grazie al loro ricco conto da pensionati.

Questa persona è, per me, il miglior esempio di ciò che qualcuno può ottenere a lungo termine, se applica in modo coerente e infallibile un particolare metodo.

Ma, secondo gli standard della maggior parte degli hedge fund, o persino secondo gli standard di Wall Street, questo trader è solo un piccolo numero.

Tuttavia, non fraintendermi. Se gestisce modesti "conti di capitale", ciò non significa che anche il suo reddito sia modesto. Anzi. Dal momento che guadagna i suoi soldi attraverso una quota di profitto, ha un reddito eccezionalmente alto, denaro che i suoi clienti sono molto felici di dargli.

E la cosa sorprendente è che, per svolgere questa attività, non ha bisogno di strutture speciali, legali o altro. "Non hai creato una compagnia per la tua attività?" Volevo sapere. Lui aveva scosso la testa. Avrebbe avuto più lavoro con una compagnia. Ha bisogno del suo tempo per i clienti, i cui account controlla individualmente. Ogni mattina si siede per qualche ora, apre il conto di uno dei suoi clienti e guarda se ha bisogno di cambiare qualcosa. In realtà pensa a ogni singolo account di ogni singolo cliente. "Ognuno ha i propri obiettivi finanziari", mi ha detto, "e devo considerarli".

Poiché si occupa di un account specifico ogni giorno, di solito verifica tutti i suoi clienti ogni mese. Quando il mese è finito, ricomincia daccapo con il primo cliente. Durante l'incontro annuale con ogni cliente, prende sempre appunti. Egli non solo conosce esattamente gli obiettivi finanziari di ciascun cliente. Sa anche tutto sulle loro famiglie. Sa se qualcuno è morto o se c'è un nuovo nipote. Sa se qualcuno è malato o in via di guarigione. In breve, questo trader conosce i suoi clienti e pensa a ciascuno di essi individualmente.

Ora, probabilmente ti stai chiedendo quale particolare strategia utilizza questo trader. È molto semplice. Questo trader opera principalmente con gli ETF. Non scambia azioni individuali, ma osserva un paniere di mercati e settori internazionali. Ad esempio, potrebbe costruire posizioni in ETF che mappano il settore delle telecomunicazioni, o acquistare un

ETF su produttori di petrolio o utilities statunitensi. È anche assolutamente consapevole degli eventi internazionali. Se vede un'opportunità in Turchia, perché le azioni sono calate bruscamente, acquista un ETF sul mercato azionario turco.

La sua strategia? Compra quando un mercato è diminuito del 20%. Punto.

Questa è tutta la sua strategia.

"Cosa?", ho chiesto. "È tutto qua?"

Mi aveva guardato con uno sguardo perplesso. Sì, aveva risposto calmo. Questo è tutto. Non riusciva a capire che non comprendevo davvero cosa intendesse.

"Ma," gli avevo detto, "cosa fai se il mercato scende di un altro 20%?" "Bene," aveva risposto, "semplicemente compro di nuovo. Compro quando il mercato scende del 20%. """ Ma è "un mediare le perdite ", "ho contestato. "Certo, lo è" e mi aveva guardato di nuovo stupito. Fino ad allora, avevo considerato il mediare le perdite o il piano di accumulo, come uno dei più grandi peccati dei trader di sempre. Mi aveva guardato come se non capisse bene di cosa stessi parlando. Perché lui non aveva quel problema, era semplicemente il suo metodo. Comprare sul mercato quando è più conveniente. Non gli importava di dover aspettare due o cinque anni prima che la posizione diventasse redditizia. Era abbastanza paziente e anche i suoi clienti. Se il mercato cade di nuovo del 20%, ottimo! Quindi, comprare di nuovo.

Dato che lavora senza leva, può semplicemente aspettare qualsiasi posizione perdente. Inoltre, non considera le posizioni in perdita come tali. Dice solo: "Ho una posizione". Sa che il tempo è dalla sua parte.

E funziona. Dal momento che non scambia titoli azionari , ma solo indici di mercati, la sua posizione non può mai andare a zero. Non importa quanto sia brutto un settore, a un certo punto ogni mercato orso finisce e quindi il suo coraggio paga. Lo considera normale e ha il tempo di aspettare questo momento.

Raramente ho visto una persona più modesta e rilassata di questo trader. Non ha aspettative di rendimento eccessivo. Se è "solo" il 5% in un dato anno, non è infelice. Questo trader è sopravvissuto al crash del 1987 dello S&P 500. È sopravvissuto allo scoppio della bolla delle dotcom e alla crisi finanziaria del 2008. È stato coinvolto in tutti i mercati rialzisti e ribassisti dagli anni '80 e ha pilotato i conti dei suoi clienti attraverso questi alti e bassi. E ogni volta, ha comprato quando il mercato era sceso del 20%.

Perché ti sto raccontando questa storia? In primo luogo, naturalmente, perché ammiro questo trader per quello che ha raggiunto e che ancora ottiene oggi (vuole rimanere anonimo). Ho imparato di più in quelle 4 ore nel ristorante di Berlino che in molti anni a fare trading sul mercato azionario. Questo operatore infrange quasi tutte le regole che il sapere dei trader convenzionale ci indica e ha molto successo.

Ad esempio, non usa gli stop. Di nuovo mi aveva guardato con quella sua strana espressione quando avevo affrontato l'argomento. In quel momento, non ero sicuro se anche lui avesse familiarità con il termine "stop" ... Per lui "avere una posizione" era più o meno lo stesso di "avere una convinzione". Naturalmente, questa era un'altra regola che ha infranto, perché tutta la letteratura di trading è piena di affermazioni secondo le quali non devi avere nessuna convinzione. E, se possibile, anche nessuna opinione. Questo trader agisce esattamente nel modo opposto. "Penso che la Turchia si riprenderà da questa crisi e le azioni torneranno a salire", ha detto, quando gli ho chiesto perché aveva appena acquistato un ETF sui titoli turchi.

Pertanto, quando aveva acquistato azioni turche, era a causa di un chiara opinione che lui aveva sul mercato azionario turco. Se era convinto che un mercato fosse sottovalutato, a causa di una correzione o di un evento imprevisto, era interessato a costruire una posizione in quel mercato. E non gli importava se quel mercato continuava a scendere dopo che aveva aperto una posizione iniziale. "Tanto meglio," disse, "quindi posso ottenere qualcosa a prezzi ancora più bassi."

Così, ha violato un'altra "regola d'oro" dell'industria del trading convenzionale: mai mediare al ribasso. Questa regola è probabilmente una delle più intoccabili che sia mai stata inventata in questo settore. Questa regola si basa sulla strana ipotesi che un trader debba sempre avere ragione con la sua prima posizione. Altrimenti, lo stop assicura le sue perdite vengano limitate. Poiché questo accade abbastanza spesso, l'operatore deve solo fare diversi tentativi. Naturalmente, ciò si adatta perfettamente al settore dell'industria dei broker. Più trade (un ordine di stop porta anche commissioni) significa più entrate per il broker. Bisogna stare attenti a quale letteratura ci si affida...

Questo trader non era un buon cliente per il suo broker. Se comprava, non gli importava se la posizione restava nel suo account per una settimana o cinque anni. Con un atteggiamento del genere, come broker, non guadagnerai molti soldi da questo tipo di trader. Il trader stava solo pensando troppo ai suoi clienti e troppo poco ai ricavi del suo broker.

Non ha mai frequentato una fiera di broker o una conferenza di gestori di hedge fund, anche se, tecnicamente parlando, ne guida uno lui stesso, e lo fa con molto successo. Va solo occasionalmente a New York, quando vuole prendere un volo per l'Europa. Ama trascorrere settimane in città come Roma, Parigi o Praga e visitare il maggior numero possibile di musei e mostre d'arte.

New York e Wall Street non lo interessano affatto. Preferisce incontrarsi con uno dei suoi clienti e parlare dei suoi figli o nipoti. Sa esattamente chi sta bene e chi è alle prese con problemi di salute. Non guarda affatto i soldi, perché ne ha abbastanza. Anzi. Mi ha confidato che preferirebbe che qualche cliente chiudesse il suo conto, perché così potrebbe trascorrere più tempo in Europa. Sì, questo trader gestisce il suo "fondo" in movimento, con un semplice laptop.

Ha molto da fare e non vuole essere coinvolto nell'industria del trading o di Wall Street. Quando è a casa, vive in una città di medie dimensioni, da qualche parte nel mezzo del nulla. È una persona assolutamente unica che fa le sue cose e non si cura di alcuna regola. È, per me, la personificazione del sogno americano. Tuttavia, non è il sogno di quelli che si arricchiscono a spese degli altri. Si è guadagnato la sua libertà e il suo denaro attraverso un lavoro coerente e onesto. Lui non ti promette cose impossibili, ma spiega a ognuno dei suoi investitori cosa può aspettarsi: un solido ritorno con una strategia a lungo termine. E onestamente, questo è esattamente ciò che la maggior parte delle persone che non fanno trading vogliono. Pensaci.

A prima vista, questa storia non ha molto a che fare con la strategia qui presentata, perché a differenza del metodo del mio amico, la strategia di trading snapback è a breve termine, in realtà, a brevissimo termine. Se vuoi operare con questa strategia, devi usare gli stop, come sempre quando fai trading con i prodotti con la leva. Ti sto raccontando questa storia, perché voglio che la serenità di questo trader ti coinvolga, perché ne avrai bisogno.

Se prevedi di fare trading con il metodo snapback o con qualsiasi altra strategia, scoprirai presto che l'abitudine più importante di cui hai bisogno è la calma. Questo trader ce l'ha. Non si spaventa mai. Quando un titolo o un mercato scende del 20%, la maggior parte dei trader ne è terrorizzata. È una situazione poco conosciuta. Finché i mercati salgono o scendono dell'uno o due per cento, il mondo sembra essere in ordine. Tuttavia, se un mercato crolla del 20% o più, allora tutti hanno paura, perché potrebbe peggiorare. A volte lo fa. Il mio amico trader non ha paura in quei momenti. Il suo intero metodo si basa sull'attesa che si verifichi tale evento. Quindi agisce. E lo fa metodicamente, con calma e in completa serenità.

Forse ti starai chiedendo come sia possibile ottenere una tale serenità, perché c'è sempre qualcosa di eccitante nel fare trading con la leva. Questo è sicuro.

Ma più a lungo fai trading, più ti piacerà quella serenità. Ad un certo punto, vorrai essere in grado di dormire tranquillamente e non dover pensare costantemente alle posizioni che hai attualmente sul mercato. E potrai farlo solo quando inizierai a pensare alle dimensioni delle tue posizioni oggi. E questo è esattamente ciò che vogliamo fare nel prossimo capitolo.

CAPITOLO 4

———— ❁ ————

RISK MANAGEMENT

Come ogni trader sa, o dovrebbe sapere, il risk management è uno dei più importanti strumenti nella cassetta degli attrezzi di ogni trader, se non il più importante in assoluto. Il trader dovrebbe essere colui che controlla il rischio e non fattori esterni come "il mercato" o, peggio, il proprio conto sottocapitalizzato.

Quest'ultimo, secondo la mia esperienza, è il principale motivo per cui gli operatori falliscono: posizioni eccessivamente a leva. Cosa intendo con questo? I trader inesperti assumono posizioni (a margine, cioè a credito) che sono assolutamente ridicole in relazione al loro capitale di trading. Sono serio. Ridicolmente grandi! So che molti trader utilizzano la cosiddetta regola dell'1%. Tuttavia, penso che anche questa regola sia rischiosa. Se rischi l'1% del tuo capitale per operazione, potrebbe non sembrarti molto. D'altronde, se perdi una volta, hai ancora a disposizione il 99%

del capitale (anche se matematicamente questo non è corretto, infatti, ne avresti di meno).

I trader professionisti rischiano lo 0,2 o lo 0,3% e talvolta anche meno. Il motivo è semplice: puoi fare trading in modo molto più rilassato con questo tipo di posizioni. Se sei in un periodo di drawdown, la perdita non ti ucciderà. Se hai un periodo di negatività con la tua regola dell'1%, perdere il 10% o il 15% del tuo capitale di trading inizierà a incrinare la tua fiducia. Non sarai più focalizzato, o peggio, inizierai a correre rischi maggiori per compensare rapidamente la perdita accumulata. È umano, ma è il percorso garantito per la perdita totale. Credimi: so di cosa sto parlando. Ho distrutto diversi conti io stesso, facendo trading in questo modo. Parecchi!

Quindi per favore, non copiarmi. Fallo fin da subito e inizia a ridurre le dimensioni della posizione su cui intendi fare trading. Dimezzala o, meglio ancora, opera con un quarto delle dimensioni originali. Ciò rende molto più facile il trading e la vita. Questo vale in particolare per il metodo che ti presento in questo libro. Di volta in volta, scoprirai che il mercato sta andando contro la tua posizione molto più a lungo di quanto ti aspettassi. Sì, i mercati possono a volte muoversi in modo irrazionale in una direzione, prima di correggere (vedi Bitcoin e soci). Se sei dalla parte sbagliata del trade, il sudore sulla tua fronte si formerà molto più rapidamente di quanto tu possa immaginare, un segno inequivocabile che la tua posizione è troppo grande. È meglio assicurarsi di non trovarsi mai in questa situazione.

Ora, alcuni lettori potrebbero obiettare: "È tutto molto bello, Heikin Ashi Trader, ma se faccio trading con una mini-posizione del genere, allora il mio account avanzerà a fatica, figuriamoci se sarà in grado di darmi da vivere solo grazie al trading".

La mia risposta a questa obiezione è categorica e diretta: togliti dalla testa l'idea di riuscire a guadagnarti da vivere con il tuo ridicolo "capitale di trading " da $10.000. Non ci riuscirai.

Il tuo compito è innanzitutto quello di padroneggiare il metodo di trading che hai scelto. Nello specifico, se sei in grado di ottenere un rendimento dal 15 al 20% su base annua, come il mio amico trader, con massimi drawdown di meno del 10%, allora sei dannatamente bravo. Con la mia gestione del rischio rilassata è fattibile.

Pertanto, se avrai la possibilità di ottenere rendimenti stellari con rischi gestibili, gli investitori ti daranno tutti i soldi del mondo. Perché gli investitori stanno cercando proprio questo: un robusto rendimento annuale con rischio gestibile. Come fare a ottenere questa cifra? Te l'ho spiegato nel mio libro "Come posso avviare un'attività di trading con $ 500".

Dimentica di riuscire a raggiungere questo obiettivo con il tuo misero capitale di $10.000 (o anche meno). Se vuoi raggiungere questo obiettivo sconsiderato, una cosa è certa: i trader professionisti otterranno quei $10.000, anche più velocemente di quanto tu possa immaginare. So che la maggior parte dei trader ignorerà il mio consiglio (anche io l'ho fatto...). Però non dire che non ti ho avvertito.

Ho un altro consiglio. Supponiamo che tu abbia un capitale di trading di $10.000. Cerca di trasferire solo il 20% di esso, ovvero $2000, sul tuo conto di trading. Se hai ottenuto un profitto di $200 o $500 dopo un po ' di tempo, trasferisci questi soldi su un altro conto corrente, ad esempio un conto che non sia destinato al trading. Premiati. Non puoi guadagnarti da vivere grazie a questo, ma comunque in questo modo programmerai il tuo subconscio verso il successo. Quindi: non pensare in percentuali, ma in denaro reale. Soldi che puoi spendere (un buon pasto, una visita al cinema con i tuoi cari o, come faccio io, degli ottimi sigari costosi).

Permettimi di ripeterlo chiaramente: se pensi di guadagnarti da vivere con una somma così piccola, sei fuori di testa. Questo piccolo capitale iniziale, non importa esattamente quanto grande sia, serve prima ad aiutarti a imparare la tua strategia di trading. Se hai ancora la folle idea che puoi guadagnarti da vivere facendo trading con il tuo conto, dovresti mettere in ballo almeno mezzo milione di dollari. Con questo capitale, potresti provare con una gestione prudente del rischio (dopo una preparazione e una formazione sufficienti). Non lo consiglio, non finché non hai imparato bene il tuo mestiere.

Se, come accade alla maggior parte delle persone, non hai questi soldi, dovrai convincere gli investitori a darteli. Sarai in grado di farlo solo quando sarai effettivamente capace di fare trading. Ciò significa che avrai costruito un track record di almeno un anno che soddisfi tutti i criteri che ho menzionato prima. Allora, potresti essere sulla buona strada per diventare un vero professionista come il mio amico trader.

Ognuno va per la sua strada. Certo, puoi provare a proporti ad un hedge fund o ad un qualsiasi altro asset management. È possibile, ma non è facile, so di cosa sto parlando, perché ho percorso quella strada da solo. In alternativa, puoi provare il metodo del mio amico operatore, che in realtà è ben più attraente. Una struttura snella con il minor costo amministrativo possibile e una relazione personale con i tuoi clienti.

Oh, e in merito al potenziale di guadagno di un modello simile... Il mio amico guadagna facilmente una somma di sei cifre. Annuale. Non conosco le tue ambizioni, ma potrei vivere molto bene con questo importo.

Non voglio escludere che tu possa ancora farcela "da solo" e accumulare un milione partendo con soli $5000 o $10.000. Ci sono individui che in realtà sono diventati grandi trader da un inizio modesto. Esistono, ma non sono molti.

CAPITOLO 5

———❁———

COME RICONOSCO
I MOVIMENTI ESTREMI?

Per riconoscere un movimento straordinario, è importante osservarne la direzione sul grafico nella giusta prospettiva. Ciò significa che non devi solo guardare il movimento corrente, ma dovresti comprimere il grafico in modo tale da poter vedere il movimento nel contesto dei giorni o delle settimane trascorse. Solo allora l'importanza del movimento attuale diventa chiara e puoi iniziare a valutare se ciò che sta accadendo è un movimento estremo o meno.

Figura 2: Oro, grafico orario

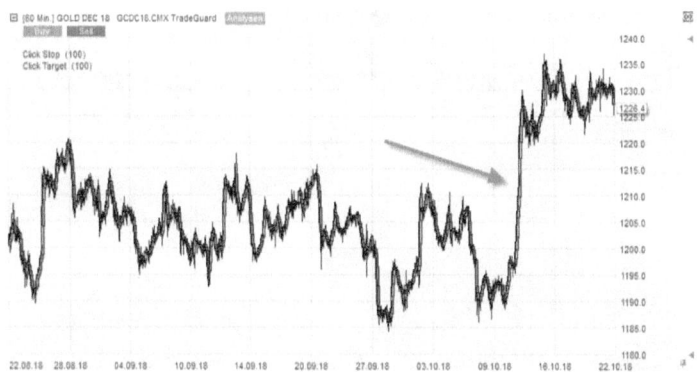

Ciò che intendo per compressione è meglio illustrato da questo grafico orario sul future dell'oro. Cerco di rendere visibili più dati possibili sul grafico durante la compressione delle barre di prezzo. Puoi vedere chiaramente che il movimento verso l'alto sul lato destro del grafico (freccia) si distingue dal resto del movimento dei prezzi nelle settimane precedenti. In poche ore, l'oro è aumentato di più rispetto all'intero mese precedente. Movimenti come questo dovrebbero catturare la tua attenzione.

Ho trovato un altro esempio nel Future sul Bund tedesco (contratto future su titoli di stato tedeschi con scadenze a 10 anni), che è durato diversi giorni e ha dato al future più di 600 punti di profitto.

Questa è stata una grande mossa in quel momento. Perché lo so? Perché ho messo il movimento in relazione a quello che era successo prima. Guarda

41

il prezzo prima del movimento e confrontalo con la spinta verso l'alto che ne è seguita (freccia verde).

Figura 3: Bund Future, grafico a 4 ore, dicembre 2017 - giugno 2018

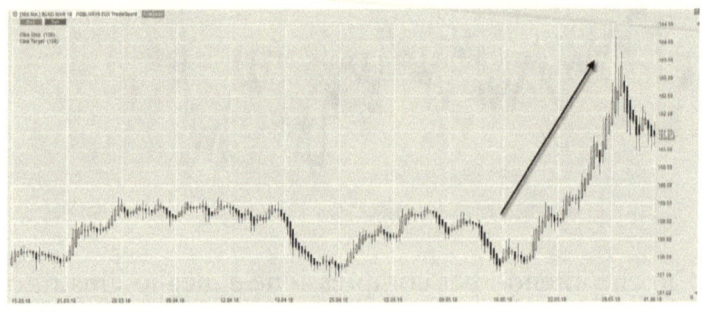

Il movimento dei prezzi prima di questo movimento era relativamente calmo rispetto al movimento stesso. Il future si è mosso, ad eccezione del movimento al ribasso del 5-7 marzo, in modo relativamente tranquillo. Per la maggior parte dei giorni, il range di trading era inferiore ai 70 punti. Poi, improvvisamente, il future è salito di oltre 600 punti in pochi giorni.

Naturalmente, di solito ci sono "motivi" per un simile cambiamento nel mercato. Tuttavia, questo non dovrebbe interessarci qui. Come abbiamo detto prima, è difficile, per non dire impossibile, prevedere o anticipare i valori anomali. Quello che di solito possiamo aspettarci è che tali movimenti estremi vengano eventualmente corretti. In questo esempio, il movimento rialzista è stato addirittura corretto di più del 50% e un venditore short potrebbe ottenere da questo punto un profitto decente. Per inciso, il Bund Future è tornato esattamente dove prima si trovava il suo "Medio" classico, cioè il prezzo medio degli ultimi 200 giorni, meglio noto come la medi mobile a 200 giorni (linea verde nella tabella nell'Immagine 4).

Figura 4: Bund Future, grafico giornaliero, febbraio - agosto 2018

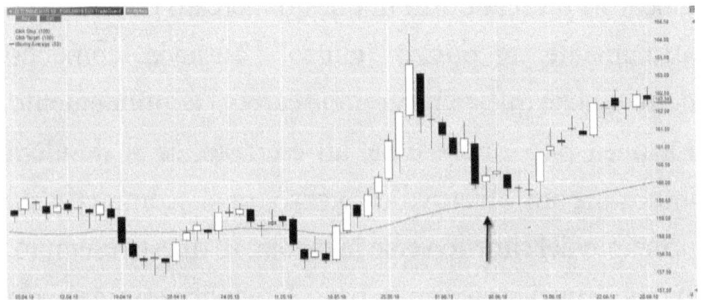

Il Future si è temporaneamente "spostato" dalla media a 200 giorni (linea verde nel grafico) e poi è rientrato, quasi come se nulla fosse accaduto (freccia nera sotto).

L'immagine mostra anche che non esiste una media statica, come già detto. La linea verde che rappresenta la linea dei 200 giorni va di pari passo con il trend generale dei Bund Futures. Aumenterà se i prezzi futuri del Bund saranno più alti e scenderà se la maggior parte dei prezzi sul Bund scenderà. Non entrerò nell'argomento se prendere in considerazione la media mobile come esponenziale. Per la strategia di trading snapback, che è una strategia a breve termine, non importa o importa ben poco. Non ho visto alcun miglioramento nei risultati quando ho usato una media mobile esponenziale al posto della media mobile semplice. Spetta al singolo trader utilizzare la media a 200 giorni o un altro indicatore in questa strategia. Ovviamente, la linea dei 200 giorni (nel grafico giornaliero!) fornisce un'indicazione di ciò che i giocatori professionisti in questo mercato considerano attualmente un prezzo "giusto". Tuttavia, come ho detto, anche questa percezione cambia continuamente. La linea può essere utile, ad esempio, se si desidera impostare un obiettivo di prezzo, se si scommette sul principio del ritorno verso la media. In questo esempio, avrebbe funzionato molto bene. Dovrebbe essere chiaro al lettore che però questo non sempre succede.

Diamo un'occhiata di nuovo a questo movimento del Bund Future, stavolta nel grafico orario, perché ti voglio far notare una caratteristica speciale.

Figura 5: Bund Future, grafico orario, maggio - giugno 2018

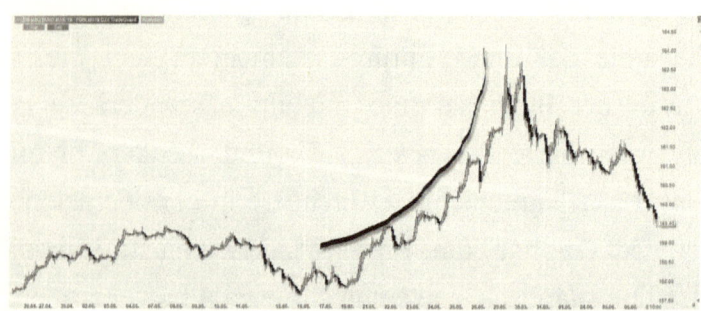

Se osserviamo più da vicino la figura nella Figura 5, vediamo una tipica situazione di mercato che attirerà l'attenzione di un trader che utilizza la tecnica snapback. Ad un certo punto, il mercato ha iniziato a muoversi in modo considerevole. Non è accaduto in modo esplosivo, ma gradualmente. Il movimento al rialzo è iniziato il 18 maggio 2018. Inizialmente, sembrava essere un normale movimento al rialzo, che si svolgeva nel contesto dei normali movimenti di prezzo delle settimane precedenti. Tuttavia, dopo il week end, lunedì 21 maggio, il movimento rialzista è continuato. Nei giorni successivi, si sono sempre verificate correzioni minori, ma al più tardi dopo un giorno, gli acquirenti hanno spinto il mercato sempre più in alto. Ad un certo punto, sembrava che non ci sarebbe stata una fine a questo rally. Lunedì 28 maggio, il future ha aperto con un gap in ribasso. Tuttavia, gli acquirenti hanno colmato questo gap in poche ore. Poi hanno spinto ulteriormente il mercato. Quel giorno hanno guadagnato senza sforzo 150 punti e il prezzo di chiusura è risultato essere quasi il massimo della giornata. Il giorno dopo, martedì 29 maggio, finalmente, i tori erano fuori combattimento. Hanno guidato il Bund in rialzo con 200 punti in più in tre ore. Chiunque avesse osservato il grafico orario dei Bund Futures in quel momento avrebbe potuto seguire il movimento in forte ascesa.

Chi avesse tenuto traccia delle ultime settimane avrebbe potuto vedere chiaramente nel grafico che il future stava procedendo con una **movimento parabolico** simile a quella che abbiamo visto nel grafico di Bitcoin. La caratteristica di un tale movimento è che aumenta esponenzialmente. All'inizio, il movimento sembra essere "normale", ma gradualmente i prezzi aumentano sempre di più, fino a quando non fanno una sparata quasi verticale verso l'alto, come è avvenuto il mattino del 29 maggio. Sembra quasi che il mercato stia andando alle stelle.

Questo di solito è un segnale che ci dice come la massa dei trader è praticamente tutta long e che non ci sono venditori. Questa è esattamente la situazione che richiama l'attenzione di un trader snapback. Devi solo aspettare i primi segni di debolezza in un mercato del genere. Di solito è il momento in cui i primi trader iniziano a realizzare i loro profitti. Perché, il modo in cui il Bund è esploso nelle prime ore della giornata di trading del 29 maggio non era più considerato "normale", anche se una simile affermazione nel mercato azionario è alquanto pericolosa. In teoria, il future sarebbe potuto aumentare di un centinaio di punti. Dovresti sempre aspettarti un'eventualità di questo tipo, specialmente in giornate così folli. Questo è il motivo per cui è importante lavorare con rigidi stop in questa strategia. Nel passato si sono verificate situazioni in cui i mercati sono andati avanti in modo irrazionale, come se gli attori coinvolti avessero perso ogni senso di "prezzo ragionevole". Proteggiti da una situazione del genere.

Quando il movimento estremo si indebolirà definitivamente, è difficile prevederlo e in qualsiasi momento è possibile - almeno nel breve periodo - aspettarsi ulteriori aumenti (nel caso di un movimento ascendente). Questi poi costituiscono anche il più grande pericolo per i contrarian che sono short. Vengono cotti lentamente alla griglia come piace dire ai trader. Pertanto, impostare attivamente gli stop è essenziale per ogni contrarian che deve limitare le sue perdite, sapendo che il momentum può sopraffarlo in qualsiasi momento. Questo è il motivo per cui non raccomando questo metodo ad un principiante. Solo i trader che sono in grado di valutare tali situazioni di mercato e che sono in grado di scegliere una dimensione di posizione appropriata dovrebbero considerarlo.

Tuttavia, ogni "volpe astuta" sul mercato si lecca i baffi quando osserva un tale movimento parabolico sul grafico. Sa per esperienza che è solo una questione di tempo prima che questo trend si trasformi, o almeno subisca una correzione. Non appena il mercato si prepara a raggiungere i massimi, gli stop devono fare il loro lavoro. Ciò dimostrerebbe inequivocabilmente al contrarian che ha sbagliato nella sua valutazione e che è arrivato il momento di uscire fintanto che la perdita è piccola.

Ovviamente, ciò dimostra chiaramente che potreste subire delle perdite anche con il metodo snapback. Come per qualsiasi strategia, queste perdite sono logicamente correlate a potenziali guadagni. Si può quindi ridurre il trading alla semplice formula:

rapporto di successo | profitto medio - perdita media.

Comprendendo e padroneggiando questa formula, sarai in grado di costruire un'attività di trading proficua, indipendentemente dalla strategia che intendi adottare.

CAPITOLO 6

PAZIENZA ALL'INGRESSO

Come già accennato, non è facile determinare quando un mercato si trova in ipervenduto e quindi giustificare l'apertura di una posizione short. Dovremmo cercare di capire il concetto di ipercomprato - ipervenduto nel contesto degli eventi di mercato attuali. Ad esempio, se un mercato si trova inserito all'interno di un forte trend, il concetto diventerà obsoleto. Un mercato in rapida ascesa è permanentemente in "ipercomprato". Questo è il motivo per cui tutti gli indicatori che vi si riferiscono in questo caso falliscono qui. In cambio, naturalmente, i ritracciamenti o le correzioni tecniche in un forte trend al rialzo sono indubbiamente buone opportunità di acquisto. Tuttavia, non è l'argomento di questo libro.

Questo è il motivo per cui non lavoro con gli indicatori per determinare il mio ingresso. Non mi aiutano. Il mio money management, invece, mi aiuta. Ed è, come già discusso, rigorosamente conservativo. Deve esserlo, altrimenti non potrei raggiungere il mio obiettivo. Se si mantengono le posizioni abbastanza piccole, allora rimangono gestibili. Ecco di cosa si tratta. Non dovresti mai perdere il controllo della tua posizione, qualunque cosa accada. Se per qualche motivo ne perdi il controllo, dovresti chiudere immediatamente la posizione o almeno ridurla.

Niente è scolpito nella pietra con questo metodo. Il trader snapback cerca di catturare massimi e minimi. Tuttavia, raramente ci riuscirà. Di norma, scoprirà di essere entrato "troppo presto", e in alcuni casi, ovviamente, "troppo tardi". Pertanto, devi e dovresti assumere che la tua posizione sarà inizialmente in rosso all'inizio. In alcuni casi, va bene. L'approccio abituale è quindi quello di "limitare le perdite", in modo da lavorare con stop che sono relativamente vicini all'ingresso. Piccole perdite non fanno male, si dice. Questo si può applicare alle strategie di scalping e alla maggior parte delle strategie di trading giornaliere. Il metodo snapback non è né scalping né day trading né una strategia di swing trading. Perché a volte realizzi i tuoi profitti dopo 20 minuti, a volte solo dopo quattro giorni. E devi essere in grado di sopportarlo.

Il trading giornaliero convenzionale di solito si basa sul timing esatto, che non può veramente esistere. Chiunque abbia mai provato, lo sa. Potresti aver comprato troppo presto (il mercato continua a correre contro di te) o troppo tardi (il mercato si è già girato e ha già corretto in qualche maniera).

Quando si utilizza il metodo snapback, consiglio sempre di visualizzare il grafico dal punto di vista di un livello temporale più allargato. Di solito guardo i grafici orari, che comprimo per tenere traccia di ciò che è accaduto nel mercato nelle ultime settimane. Se usi una prospettiva più allargata, alla fine capirai quanto è ridicola la tua ansia quando la tua posizione è inizialmente in perdita. Hai appena comprato e il mercato ha perso altri 50 punti. E allora?

Spero che tu capisca ora perché dovresti fare trading con posizioni piccole. In generale, il potere del ritorno verso la media colpirà e il mercato girerà. Se hai una posizione troppo grande sul mercato relativa al tuo capitale e devi chiuderla perché non puoi più "sopportare" le perdite, non puoi guadagnare quando il mercato gira e comincia a muoversi a tuo vantaggio.

Uno dei maggiori ostacoli per gli aspiranti trader è la pazienza. Bene, ammetiamolo. Chi ce l'ha? Puoi aprire la tua piattaforma di trading al mattino, studiare i grafici, quindi chiudere la piattaforma e non fare trading? Non fai trading perché non c'è semplicemente nulla su cui operare. I mercati non offrono l'opportunità di lavorare secondo la strategia snapback. Tutti i mercati funzionano regolarmente nel loro solito intervallo. Non c'è un movimento estremo su nessuno dei tuoi grafici che ti spinga ad avviare un trade.

Se riesci a essere paziente e disciplinato per aspettare le poche opportunità reali della settimana, sarai in grado di aumentare significativamente le tue possibilità di successo. Nella mia esperienza, in media, ogni settimana, ci sono due o tre possibilità eccellenti se ti limiti ai mercati principali. Se tu fossi in grado di fare una scannerizzazione per cercare movimenti estremi nelle azioni (almeno il 15% in meno o più), allora forse troveresti qualcuna di più.

I profitti rapidi che a volte puoi e devi prendere (vedi esempi nella seconda parte) a volte danno l'impressione che avresti potuto fare scalping sul mercato. Tuttavia, per me, lo scalping è un'altra cosa (vedi il mio libro: "Lo Scalping è divertente!").

Sono convinto che con questo metodo potresti costruire un'attività di trading. Non hai davvero bisogno di più di 40, 60 o 70 punti ogni tanto. E non devi nemmeno stare seduto davanti allo schermo del computer tutto il giorno per ottenere quei guadagni. Anzi. Una volta impostati correttamente i tuoi personali scanner, un controllo breve ogni tre ore può bastare. Dopo un po', vedrai se c'è un'opportunità di trading o meno. I moderni dispositivi mobili lo rendono molto facile. Alcune piattaforme ti inviano anche un avviso (SMS o e-mail) quando qualcosa di interessante sta accadendo sul mercato.

Questo metodo ha il vantaggio che non ti richiede di fare trading tutto il giorno per funzionare. Allo stesso tempo, puoi fare altre cose (o operare con altre strategie).

Per inciso, questo vale anche per i periodi in cui si ha un trade sul mercato. Non commettere l'errore di seguire ogni tick del tuo trade. Il trading è un gioco di probabilità. Non catturerai mai, o lo farai solo grazie alla fortuna, il massimo o il minimo del giorno. Ciò significa che il tuo ingresso nel trade è solo una coincidenza. Naturalmente, la strategia snapback si basa sul mercato che corregge il movimento precedente, almeno in parte. Quanta correzione farà il mercato e se correggerà anche se stesso è meglio lasciarlo dire al mercato.

In altre parole, dovresti sempre lavorare con gli ordini bracket. Gli ordini bracket consistono sempre in tre ordini. Se vuoi andare long, apri la posizione con un ordine di acquisto. Questo ordine viene automaticamente accompagnato da un ordine di vendita stop, che determina il tuo rischio nel trade. Allo stesso tempo, il sistema imposta anche un ordine limite di vendita per garantire il profitto una volta che il mercato raggiunge il prezzo target. L'ordine bracket è una funzione del tuo risk management. Serve a calcolare il tuo rischio massimo. Se, per qualche motivo, non sei più in grado di seguire il trade a causa di altri impegni, gli ordini bracket faranno il lavoro per te. Oppure il mercato raggiungerà il tuo stop o il prezzo target. Tuttavia, potrebbe accadere che tu sia ancora nella posizione quando torni. Quindi hai l'opportunità di realizzare il profitto accumulato e chiudere l'ordine. Nessuno ti obbliga ad aspettare che il mercato raggiunga il tuo obiettivo di prezzo, se ci sono segnali che il mercato potrebbe tornare indietro e costringerti a restituire il profitto accumulato.

Prendi ciò che il mercato ti offre. È semplice, ma difficile da fare. Ho imparato questa semplice regola nel modo più duro. Ho sempre fatto l'eroe aspettando che il mercato raggiungesse il mio obiettivo di prezzo invece di prendere solo i soldi che il mercato aveva messo sul tavolo. Dovevo imparare a prendere subito questi soldi, che fossero 50 o 500 dollari.

CAPITOLO 7

---❖---

LO STOP MI PROTEGGE DAVVERO DA PESANTI PERDITE?

Indipendentemente dalla velocità o dalla lentezza con cui vuoi uscire dal trade, puoi sempre dormire sereno con gli ordini bracket. Il tuo rischio è limitato sin dall'inizio. Beh... non proprio. In fasi volatili e in particolare ribassi dei prezzi bruschi e repentini, il prezzo di esecuzione potrebbe differire in modo significativo dal prezzo di stop. Questo è particolarmente vero se si tiene una posizione overnight o durante il fine settimana. È del tutto possibile che un lunedì mattina il mercato apra con un gap considerevole. Se fai trading con strumenti a leva come futures o forex, potresti arrivare a perdite significative e in casi estremi (come il cosiddetto "Francogeddon") a perdite che ne minacciano l'esistenza.

Come già detto più volte, la migliore assicurazione contro quest'eventualità è fare trading con posizioni piccole o "giustificabili". Come trader, devi sempre tenere a mente lo scenario peggiore. Di regola, nella mia esperienza, tali perdite e profitti si bilanciano nel corso della carriera di un trader (il movimento estremo può a volte capitare a vostro vantaggio, come mi è successo una volta con EUR/JPY durante la crisi dell'euro). Nel giro di mezz'ora la mia posizione era di 700 pips in profitto! A volte sarai dalla parte dei vincitori, a volte dalla parte dei perdenti.

Tuttavia, in rare occasioni potrebbe diventare pericoloso. Parliamo di *eventi black swan,* il cosiddetto cigno nero. Durante questi eventi, come il già citato *Francogeddon*, l'intera comunità finanziaria è stata colta di sorpresa da un evento esterno. Nel caso del Francogeddon, la Banca nazionale svizzera ha revocato senza preavviso il tasso di cambio minimo dell'euro di 1,20 il 15 gennaio 2015. Il franco svizzero è salito di quasi il 20% in un colpo solo.

Solo un ordine di stop loss garantito aiuta contro un evento di questo tipo. Qui, il broker garantisce la chiusura della posizione esattamente al prezzo desiderato e si assume quindi il rischio sostenendo da solo i costi delle deviazioni da questo livello. In cambio, il trader di solito paga una commissione per questa garanzia. La commissione può essere riscossa ampliando gli spread. È quindi necessario considerare questo addebito come una sorta di premio assicurativo. Parla con il tuo broker e chiedigli se offre ordini di stop-loss garantiti e quanto costano.

È a discrezione del professionista se vuole fare trading con stop garantiti o meno.

Su questo argomento, ho due osservazioni da fare. Innanzitutto, come ho detto prima, dovresti operare con le posizioni appropriate in modo che, se si verifica un evento del genere, non perdi tutto subito. In secondo luogo, in casi estremi, come il Francogeddon, il broker ha sostenuto la perdita anche se non gli spettava. Questo è il caso del mio broker. È quindi molto importante che tu scelga un broker che è sopravvissuto a eventi come il Francogeddon e che forse è intervenuto anche per i suoi clienti che erano dalla parte "sbagliata". Terzo, nel caso della strategia snapback, siamo di solito al sicuro, perché "il disastro" è già successo. La strategia è progettata per attendere il movimento estremo e quindi assumere la posizione opposta. Questo fatto da solo è la migliore assicurazione contro i movimenti dei prezzi estremi.

Per inciso, tali situazioni estreme non si verificano solo sul lato short. Esistono anche casi di azioni che sono aumentate così drammaticamente che coloro che detenevano posizioni short non erano solo "sulla graticola", ma sono finiti in bancarotta. Probabilmente l'esempio più importante di questa "forte e breve squeeze" è stato il prezzo delle azioni ordinarie Volkswagen tedesche alla fine di ottobre 2008. Il 26 ottobre 2008, Volkswagen ha informato Porsche di aver aumentato la propria partecipazione in Volkswagen dal 35% al 42%. Aveva guadagnato il 6% e si era assicurata un ulteriore 31,5% tramite opzioni, con una partecipazione totale del 74,1% nel pieno esercizio dell'opzione. Tuttavia, molti trader avevano scommesso sul calo dei prezzi shortando le azioni ordinarie Volkswagen. Poiché lo stato tedesco della Bassa Sassonia deteneva un altro 20% delle azioni Volkswagen, meno del 6% delle azioni rimaneva liberamente negoziabile. I venditori allo scoperto, tuttavia, avevano preso a prestito il 12% delle azioni che avevano acquistato per restituire il prestito sul mercato azionario. Pertanto, sono rimasti bloccati in una breve violenta squeeze. Chiudendo le loro posizioni short, il prezzo delle azioni ordinarie è esploso ed è salito in due giorni da circa 200 EUR a oltre 1.000 EUR!

Questo esempio dimostra che il mercato azionario può a volte essere un posto molto irrazionale. È quindi importante che, in qualità di trader, che nella maggior parte dei casi agisce come un hedge fund con prodotti con leva, tu sappia cosa stai facendo.

Per quanto riguarda la distanza dello stop dall'ingresso, di solito scelgo uno stop generoso. Ritorniamo, ad esempio, al trade sul Bund Future. Se un mercato ha guadagnato 600 punti e io vado short, sperando di ottenere almeno 100-200 punti di correzione, non ha senso lavorare con uno stop di 50 punti. Spero che tu lo capisca. La mattina del 29 maggio, il Bund Future ha letteralmente superato i 200 punti, prima di raggiungere il suo massimo finale. Se vai short qui, con uno stop di 50 punti, la possibilità di veder colpito il tuo stop da un ultima sparata dei rialzisti è molto alta. Può funzionare, ma la possibilità che tu venga buttato fuori dal mercato è semplicemente più probabile della possibilità di vincere.

Questo è il motivo per cui sceglierei uno stop di almeno 150 punti in movimenti del genere. Questo tipo di stop è lontano dal mercato attuale. Se dovessi colpire anche questo stop, allora vorrebbe dire che evidentemente la valutazione è sbagliata e che il mercato continuerà a salire.

CAPITOLO 8

---✿---

TRADE MANAGEMENT

Per quanto riguarda la gestione del trade, possiamo tenerlo breve. Questo perché stiamo facendo affidamento su una strategia snapback, cioè il rimbalzo di un movimento di prezzo. Di regola, dovrai accontentarti di 70 a 100 punti. Potrebbero essere di più, ma spesso questi contro movimenti dopo un movimento estremo sono di breve intensità. Ecco perché dovresti prendere ciò che ti dà il mercato.

Anche se ho provato i trailing stop, non ne ho tratto alcun beneficio. Ha senso, comunque, impostare lo stop al punto di pareggio non appena si ottiene un profitto di 50-60 punti. Non ha senso lasciare che il trade vada in perdita una volta realizzato un simile profitto.

Come ho detto, la cosa migliore che puoi fare è prendere i soldi che sono sul tavolo e scappare. Potrebbe sembrare poco ortodosso, ma è molto utile per il tuo account.

CAPITOLO 9

USCITA

Una volta che ti sei reso conto che è impossibile trovare l'ingresso perfetto (a meno che non sia un caso), capirai che lo stesso accade per l'uscita dal trade. A differenza di quanto capita con l'entrata, non sono altrettanto paziente per quanto riguarda l'uscita. Ad esempio, se un trade è ben avviato al profitto ma non ha ancora raggiunto l'obiettivo di prezzo, non esito a prendere il profitto se il mercato non va oltre un certo livello. Il metodo snapback comporta il prendere ciò che il mercato ti offre. Se ci vuole troppo tempo per andare oltre un certo livello, non esito, e prendo quello che ho già sicuro.

Alcuni trader sosterranno che operare in questo modo non è la cosa migliore, perché non si sfrutta tutto il potenziale del trade. Capisco questa obiezione. Tuttavia, proviene da una diversa filosofia di trading che prevede il piazzare pazientemente i trade e poi lasciare che il mercato decida se colpire prima l'obiettivo di prezzo o lo stop.

Se in precedenza per quanto riguarda l'entrata ho scritto: fai trading solo quando sei spaventato, per l'uscita ciò si tradurrebbe in: vendi non appena senti arrivare l'avidità.

La maggior parte dei trader fa il contrario. Sono impazienti con l'ingresso (sono avidi di comprare o vendere, non importa cosa) e poi sono infinitamente pazienti all'uscita (hanno paura di chiudere la posizione, anche se il profitto non è così grande). Con questa strategia, devi imparare a prendere i soldi che sono sul tavolo e correre.

Quindi la strategia snapback è essenzialmente aspettare con pazienza una buona possibilità e poi prenderla velocemente, come un cecchino che aspetta un giorno intero in attesa di sparare un singolo colpo. Non riesco a pensare ad un'immagine migliore per questa strategia.

CAPITOLO 10

---※---

QUANDO SI VERIFICANO LE MIGLIORI OPPORTUNITÀ DI TRADING?

Naturalmente, anche questo non è scolpito nella pietra, perché le buone opportunità per questo metodo possono verificarsi in qualsiasi momento. Per quanto riguarda i mercati principali, la mia esperienza mostra che, a New York, si verificano più frequentemente a mezzogiorno o nel tardo pomeriggio, quando i mercati hanno raggiunto minimi o massimi giornalieri. Devi aspettare fino ad avere una possibilità reale. La ragione è semplice. Se si presenta un forte trend in un mercato, e ogni trader è short, non potrai entrare nella tua posizione contro il trend fino alla fine della giornata, quando i trader giornalieri chiudono le loro posizioni.

Spesso, questo è un buon momento per agire. Devi sempre tenere a mente che se il mercato ha avuto una giornata in trend (cioè è andato in una certa direzione), allora coloro che hanno fatto trading su questo trend si sono seduti sui profitti, che alla fine eventualmente porteranno a casa alla fine della giornata. Questo fatto da solo provoca una pressione nella direzione opposta, motivo per cui questo è spesso il momento migliore per applicare il metodo snapback.

CAPITOLO 11

PERCHÉ DOVRESTI STUDIARE IL CALENDARIO ECONOMICO

Un'abilità importante (e spesso sottovalutata) che un trader deve avere è quella di saper valutare correttamente il cosiddetto calendario economico. Mi piace usare il calendario del sito forexfactory.com.

Figura 6: Calendario economico del 12 dicembre 2018

Date	5:09am	Currency	Impact		Detail	Actual	Forecast	Previous	Graph
Wed Dec 12	12:27am	AUD		Westpac Consumer Sentiment			0.1%	2.8%	
	12:50am	JPY		Core Machinery Orders m/m		7.6%	10.2%	-18.3%	
		JPY		PPI y/y		2.3%	2.4%	3.0%	
	5:30am	JPY		Tertiary Industry Activity m/m		1.9%	0.9%	-1.2%	
	10:00am	EUR		Italian Quarterly Unemployment Rate			10.3%	10.7%	
	11:00am	EUR		Industrial Production m/m			0.2%	-0.3%	
	2:30pm	CAD		Capacity Utilization Rate			85.9%	85.5%	
		USD		CPI m/m			0.0%	0.3%	
		USD		Core CPI m/m			0.2%	0.2%	
	4:30pm	USD		Crude Oil Inventories			-3.0M	-7.3M	
	7:01pm	USD		10-y Bond Auction				3.21|2.5	
	8:00pm	USD		Federal Budget Balance			-193.5b	-100.5B	
	10:45pm	NZD		FPI m/m				-0.6%	

Il colore dell'icona a forma di piccola fabbrica ti dà un'indicazione dell'importanza dell'evento atteso. Forexfactory funziona con tre colori: giallo, arancione e rosso. Le icone gialle e arancioni indicano che i numeri non sono così importanti, almeno non da spostare significativamente il mercato. Se l'icona è rossa, ciò significa generalmente che l'evento è considerato importante e che puoi aspettarti una maggiore volatilità (cioè opportunità di trading). Nell'esempio nell'Immagine 6, vediamo un solo evento significativo: i prezzi al consumo negli Stati Uniti alle 8:30 del mattino. I prezzi al consumo rappresentano gran parte dell'inflazione complessiva. L'inflazione è importante per i prezzi delle valute in quanto la Fed potrebbe aumentare i tassi di interesse a causa dell'aumento dei prezzi.

Un movimento significativo può verificarsi, in particolare se le cifre si discostano significativamente dalle aspettative. Le previsioni degli analisti per il giorno sono state dello 0,0%. Ciò significa che la maggior parte degli analisti non prevede alcun cambiamento nei prezzi al consumo. Questa previsione si è rivelata corretta. I numeri degli analisti sono stati confermati. Certo, bisogna guardare come reagirà il dollaro in un evento del genere, quindi apri il grafico EUR / USD. Se le cifre sono in linea con le aspettative, di solito non ci sarà nessun movimento primario, perché tutte le informazioni sono state prezzate sul mercato in anticipo. Tranne che per una piccola contrazione, il mercato si è a malapena mosso quel 12 dicembre.

Viceversa, un evento che è stato indicato in giallo dal team forexfactory (il che significa che è stato considerato di minore importanza) potrebbe causare un movimento rovinoso in un mercato. Ovviamente, questo accade di solito quando i numeri effettivi sono talmente al di là delle aspettative che gli attori coinvolti nel mercato restano sorpresi.

Il calendario economico non è quindi uno strumento di previsione assolutamente preciso. Ti dice semplicemente se un evento importante è imminente o meno. Sono sempre stupito da come pochi trader includano il calendario economico nelle loro considerazioni. Ad esempio, alcuni trader si chiedono perché i mercati si muovono a malapena da lunedì a mercoledì e fanno trading in punti ristretti. Se chiedo loro perché lo fanno, si stringono nelle spalle, anche se tutti dovrebbero sapere che la decisione sul tasso di interesse della BCE era prevista per il giovedì di quella settimana. Se le importanti decisioni di politica economica o monetaria non spostano i mercati finanziari, cosa mai li sposterà?

Pertanto, dovresti studiare il calendario all'inizio della settimana e prendere appunti. Ad esempio, se ci aspettiamo cifre di disoccupazione in Nuova Zelanda, forse dovresti guardare il NZD / USD quel giorno. Dovrei, in quanto trader, essere interessato ai dati sulla disoccupazione in Nuova Zelanda? La risposta è si. Eccoli:

Figura 7: Dati sulla disoccupazione Nuova Zelanda 2000 – 2018

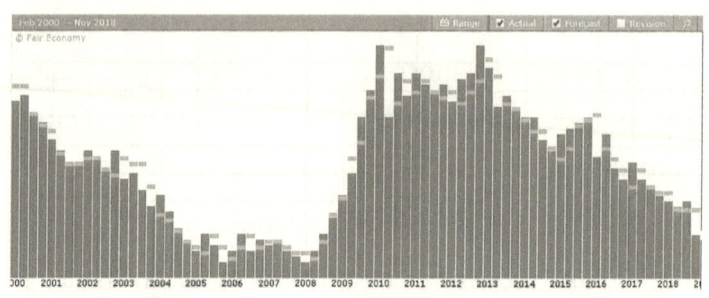

Puoi trovare questo grafico cliccando sul piccolo pulsante marrone accanto all'evento su forexfactory: si aprirà una finestra con la spiegazione dell'evento. Proprio sotto il termine "cronologia", vedrai il "grafico". Fai clic su di esso per vedere come si sono sviluppati i numeri negli ultimi trimestri: puoi vedere chiaramente come il tasso di disoccupazione sia aumentato significativamente nel corso della crisi finanziaria del 2008. Negli anni seguenti, l'economia neozelandese è stata in grado di recuperare: il tasso di disoccupazione (alla fine del 2018) si sta avvicinando alle buone cifre di prima della crisi finanziaria.

Il 6 novembre è stato annunciato il tasso di disoccupazione (35 giorni dopo la fine del trimestre). Il tasso precedente era del 4,4%. L'aspettativa degli analisti era che il rapporto sarebbe di nuovo tornato al 4,4%. Tuttavia, i numeri sono stati decisamente migliori del previsto, in quanto sono risultati ben al di sotto, ovvero al 3,9%. La reazione dei giocatori sul mercato è arrivata immediatamente:

Figura 8: NZDUSD, grafico orario dal 2 Novembre al 7 Novembre

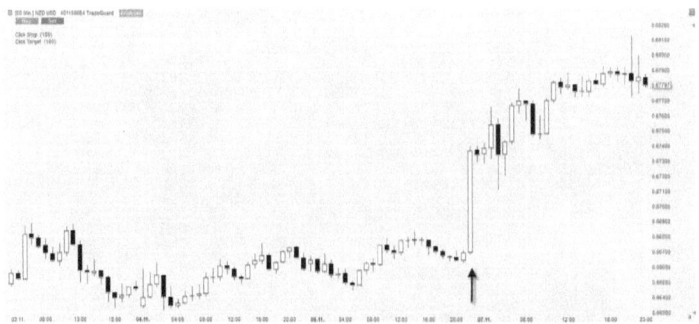

Come puoi vedere sul grafico, il mercato era molto tranquillo nei giorni precedenti ai numeri. Non c'era quasi nessun movimento. A quanto pare, i trader avevano gradito il nuovo tasso di disoccupazione, perché subito dopo l'annuncio, il dollaro neozelandese era aumentato di 70 pips. Dico "apparentemente", perché si può assumere la catena causale "meno disoccupati - buoni per l'economia - buoni per la valuta". Tuttavia, questa catena causale non è affatto sicura.

Sarebbe sufficiente una spinta verso l'alto di questo tipo per andare short qui? Onestamente no. Sarebbe un bel movimento per questa coppia, ma non è quello che chiamerei un "movimento estremo", perché allora la coppia dovrebbe spostare diversi punti percentuali, o diverse centinaia di pips in una direzione. E questo chiaramente non era il caso qui. Il mercato ha reagito positivamente a queste buone cifre nell'intervallo previsto. Ma non di più.

———❁———

CAPITOLO 12

QUALI MERCATI SONO ADATTI PER LA STRATEGIA SNAPBACK?

In linea di principio, questa strategia può essere implementata su qualsiasi mercato. È importante che il mercato sul quale si sceglie di fare trading sia sufficientemente liquido in modo da poter uscire rapidamente da una posizione se necessario. Ecco una panoramica dei mercati sui quali mi piace fare trading:

Valute: EUR / USD, EUR / JPY, AUD / USD, NZD / USD, USD / JPY, GBP / JPY, USD / CHF, USD / CAD, GBP / CHF, AUD / JPY, EUR / CHF

Indici: Dow Jones, NASDAQ, SP500, DAX, CAC40, Eurostoxx50, Nikkei 225

Obbligazioni: Bund Future, BOBL Future, 30 anni US Bond, 10 Years Note

Metalli preziosi: oro, argento, platino, palladio

Materie prime: Rame, WTI, Brent, Gas naturale, Frumento, Mais, Cacao, Cotone, Succo d'arancia, Caffè, Zucchero

Azioni: principalmente azioni statunitensi con una capitalizzazione di mercato di almeno $ 2 miliardi.

Questi sono i miei soliti mercati, ma ovviamente ognuno è libero di aggiungere altri mercati a questa lista. A volte può essere interessante fare trading su mercati sui quali normalmente non opereresti. Durante la cosiddetta "crisi italiana", ho scambiato futures su obbligazioni italiane, in alternativa, nelle settimane precedenti al voto Brexit, ho scambiato il FTSE 100, che normalmente non utilizzo, ma ci sono sempre tante opportunità quando si guarda intorno il mondo con gli occhi e le orecchie aperte e si cerca ogni tanto di pensare fuori dagli schemi.

PARTE 2:
ESEMPI DI TRADING

CAPITOLO 1

---✦---

ESEMPI NEGLI INDICI AZIONARI

Figura 9: FDAX, grafico orario

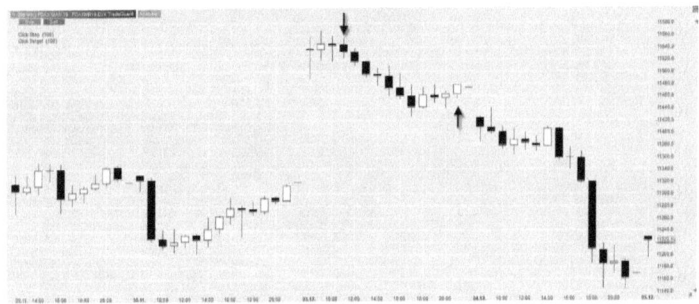

In questo esempio, il DAX Future è stato aperto il lunedì mattina del 3 dicembre 2018 con una differenza di oltre 200 punti. Un'apertura molto entusiasta, ho pensato, sperando in una correzione. Dopo che il mercato è rimasto nella fascia 11.530 - 11.550 per circa 2 ore, senza alcun ulteriore aumento, ho optato per una posizione short (freccia rossa sopra). La mia ipotesi è stata confermata. In realtà il FDAX ja cominciato a scendere, ma senza grandi passi verso il basso. Complessivamente, ho avuto un guadagno di poco meno di 100 punti la sera. Il gap non era ancora stato chiuso da allora. Tuttavia, volevo essere al sicuro, e ho preso il profitto (piccola freccia nera sulla destra). Come potete vedere, questa decisione è stata un po' prematura, perché la mattina dopo il FDAX si è aperto con un piccolo gap down. Durante la giornata, i futures hanno continuato a scendere fino a quando non hanno finalmente chiuso il gap del lunedì e sono scesi ancora più in basso. Nel complesso, avrei potuto fare oltre 400 punti con questo trade se fossi rimasto nella posizione. Questa è la critica al mio metodo: agisco in modo subottimale, per così dire, se lascio tanti punti sul tavolo.

Però, come avrei potuto sapere la sera del 3 dicembre, che il FDAX avrebbe continuato a scendere il mattino dopo? Non potevo saperlo con certezza. Nessuno poteva. A volte i gap vengono chiusi immediatamente, ma a volte occorre aspettare mesi finché non succede. L'unica cosa che veramente "sapevo" era che una correzione dopo un tale gap-up era probabile, cosa che alla fine effettivamente si era verificata. Anche se avrei potuto immaginare che il gap sarebbe stato chiuso il giorno successivo, ho deciso di prendere ciò che il mercato aveva dato fino a quel momento. Penso che sia un principio importante con cui molti hanno difficoltà: prendi ciò che il mercato ti offre e vai. Speculare se sarebbe meglio rimanere per ottenere di più è semplicemente inutile. Non puoi saperlo. Ricorda, il metodo snapback è una *reazione a un movimento estremo*. Sfortunatamente, la misura in cui il mercato può estendere questa reazione non è prevedibile, quindi penso che sia generalmente meglio chiudere la posizione.

Figura 10: Dow Jones Mini Future, Grafico orario, 8 - 16 ottobre 2018

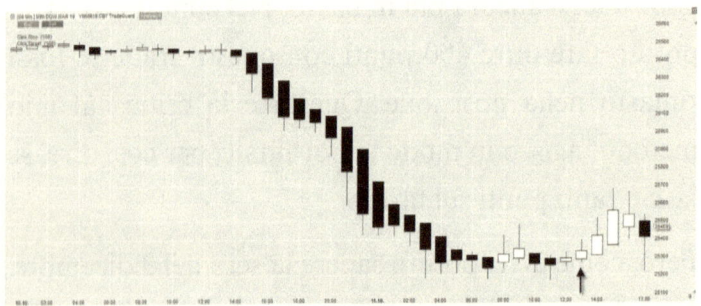

Il 10 ottobre, il Dow Jones Future è sceso di oltre 1.000 punti. Come si può vedere nel grafico di heikin ashi, non c'era quasi nessun contro-movimento significativo. Pertanto, il trader snapback doveva essere paziente. Il minimo del movimento era di 25.188 punti, raggiunto nella prima mattinata del giorno successivo. Solo, nella mattinata europea si è verificato un significativo contro-movimento (freccia sotto), che ha inviato il future oltre 450 punti verso l'alto. Un trader esperto avrebbe potuto realizzare più di 200 punti qui.

Naturalmente, questi movimenti si verificano raramente, ma valgono la pena di essere oggetto di trading, perché le "correzioni tecniche" di solito portano oltre un centinaio di punti.

CAPITOLO 2

——— ✿ ———

ESEMPI NEI MERCATI VALUTARI (FOREX)

Figura 11: GBP/JPY, grafico orario a 4 ore, Settembre – Novembre 2018

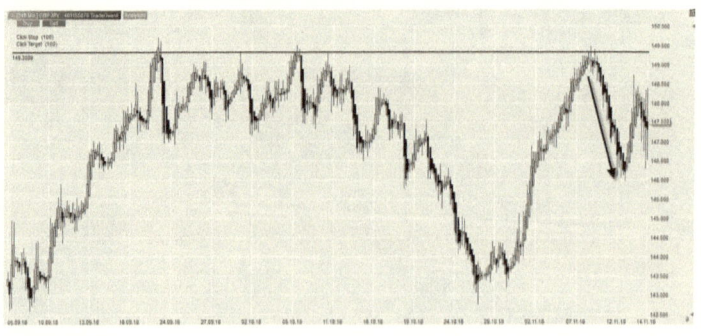

In questo esempio, il mercato ha presentato un regalo, cosa che accade di tanto in tanto. Almeno, io l'ho considerato un regalo. Come puoi notare, durante il mese di settembre, GBP / JPY ha fallito ripetutamente nel tentativo di conquistare una resistenza a 149,28 (linea orizzontale superiore). Nel complesso, il mercato ha incontrato la resistenza in quattro occasioni, ma è stato ripetutamente respinto dai venditori. Poiché questi tentativi erano tutti basati su piccoli movimenti, non c'era bisogno di agire. Alla fine, GBP / JPY è tornato indietro il mese successivo, raggiungendo il supporto a 143,00. Tuttavia, la coppia di valute ha iniziato a salire di nuovo l'1 novembre 2018 e ora ha formato un trend rialzista che è stato a malapena accompagnato da correzioni significative. Il grafico heikin ashi illustra bene questo fatto disegnando il trend al rialzo con molte candele verdi (freccia verde). Complessivamente, la coppia è stata protagonista di un rally di oltre 5.000 pips, fino a quando ha finalmente riguadagnato la resistenza a 149.28.

Figura 12: GBPJPY, grafico orario, 11.8.2018

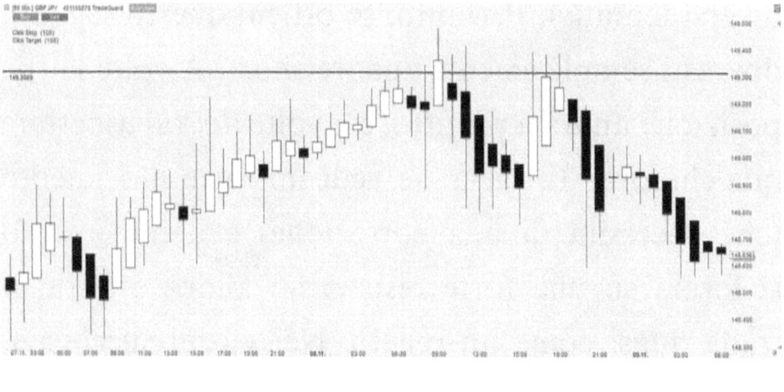

Vediamo, sul grafico orario, che la coppia di valute ha raggiunto la resistenza nella prima mattina dell'8 novembre. Verso le 9:00, c'è stato un primo tentativo infruttuoso di superare la resistenza. La coppia è rimasta al di sotto della resistenza nelle ore successive. A questo punto, ovviamente, potresti costruire una prima posizione short, a meno che non aspetti la conferma, che arriverà qualche ora dopo. Il problema è che, come in questo caso, può sempre esserci un secondo tentativo infruttuoso di superare la resistenza, e solo allora riceverai la tua conferma. Tuttavia, potrebbe anche essere che la coppia inizi a cadere immediatamente dopo il primo fallimento. Non importa come lo vuoi fare, sperimenterai ripetutamente che il mercato deciderà in modo diverso da come ti aspettavi. A volte, come in questo esempio, il mercato cercherà di superare la resistenza due volte, a volte si girerà subito e inizierà a correre nella direzione opposta, e, naturalmente, il mercato può superare la resistenza, se necessario dopo diversi tentativi. Pertanto, se ottieni questo segnale, dovresti semplicemente andare short. A volte la tua posizione andrà a profitto, e a volte dovrai aspettare qualche ora. Tuttavia, se vedi un forte movimento (che necessita di una correzione) e il movimento si ferma su una forte resistenza, allora otterrai il trade quasi come un regalo. Nei giorni successivi, la coppia ha perso oltre 3.000 punti, come mostrato nell'immagine 11.

Figura 13: GBPUSD, grafico orario, Settembre 17-29, 2018

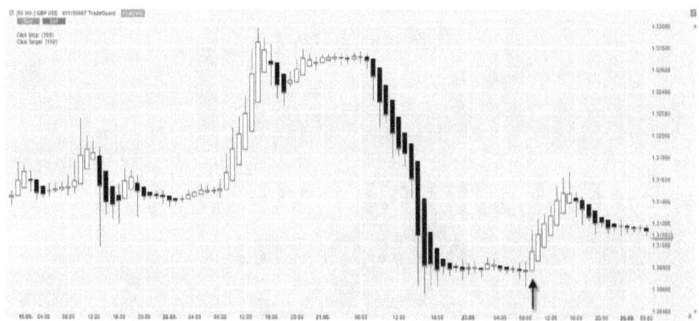

Questo esempio sulla sterlina inglese è esemplare. Venerdì 21 settembre, la sterlina è scesa di oltre 200 pips. Non è stato un forte movimento, ma almeno un crash decente dopo le vincite del giorno precedente. La coppia ha raggiunto i suoi minimi nel tardo pomeriggio e ha si è mossa lateralmente nelle ore serali, in un intervallo ristretto. Certo, è sempre rischioso prendere posizioni prima del weekend. Preferisco aspettare fino a dopo il fine settimana per entrare. In effetti, il "contro-movimento tecnico" è avvenuto lunedì mattina. Un trader snapback potrebbe fare da 50 a 60 pips con questa mossa.

Come puoi vedere, dovresti adattare il tuo obiettivo di profitto in questa strategia al movimento precedente. Aspettarsi una correzione di 150 pips con un movimento precedente di 200 pips è molto ambizioso. Dopo uno spostamento di 200 pips, potresti aspettarti una correzione di 50 o 60 pips. Lo stop dovrebbe essere ad almeno 100 punti di distanza.

CAPITOLO 3

---❖---

ESEMPI NEI MERCATI AZIONARI

Figura 14: Weight Watchers, grafico a 15 minuti, Novembre 1-6, 2018

Le azioni Weight Watchers (NASDAQ: WTW) hanno aperto il 2 novembre 2018 con un gap down di oltre $ 14. Il titolo è sceso ulteriormente nella prima mezz'ora e ha perso quasi ulteriori $ 8. Nel complesso, l'azione è calata di oltre il 30% in uno giorno. Il WTW è crollato dopo che il management ha annunciato che il numero di abbonati a Weight Watchers era diminuito ulteriormente e che la società aveva mancato le stime di vendita nel terzo trimestre. L'azione è scesa sotto $ 48 mezz'ora dopo l'apertura, anche se prezzava $ 68 la notte precedente. Naturalmente, il 30% in un giorno è un salasso adeguato. Tuttavia, per un trader snapback in cerca di una soluzione rapida, c'era una buona possibilità di prendere alcuni punti su quell'azione. Come puoi vedere sul grafico, questa "correzione tecnica" è arrivata dopo circa un'ora (freccia sotto). Coloro che hanno osservato il titolo avrebbero potuto entrare a $ 48,50 e vendere a $ 51 dopo circa 45 minuti. Questo può sembrare poco per alcuni, ma questo poco rappresenta il 5,15% di un'azione in meno di un'ora, cosa molto difficile da ottenere con il tradizionale trading giornaliero di azioni. Tuttavia, nel caso di un crollo drammatico di un titolo e della sua relativa volatilità, si potrebbero ottenere rendimenti altrettanto veloci. Avrei impostato lo stop qui a circa $ 46,50, che è $ 2 inferiore al mio livello di ingresso, sapendo che questo stop avrebbe potuto essere catturato in qualsiasi momento, cosa che non è avvenuta in questo caso.

Figura 15: Green Sky, grafico a 15 minuti

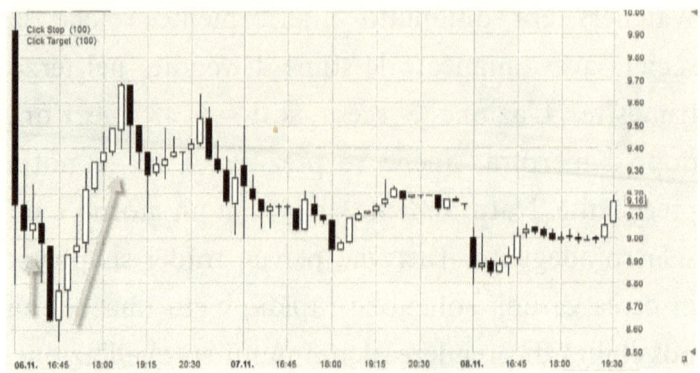

Le azioni di Green Sky Inc. (GSKY) sono scese del 38% la mattina del 6 novembre, dopo aver mancato di soddisfare le aspettative di vendita nel trimestre di settembre e dopo la pubblicazione di una previsione negativa per il trimestre successivo. Come puoi vedere, questo messaggio non era del tutto gradito agli operatori del mercato. Nella prima ora di trading, le azioni sono scese ulteriormente, da $ 10 a $ 8,80. Poi sono comparsi alcuni acquirenti. Un trader snapback potrebbe comprare a $ 9 (piccola freccia verde a sinistra). Tuttavia, l'acquisto sarebbe stato eseguito troppo prematuramente, perché le azioni sono tornate a $ 8,55 nella mezz'ora successiva.. La correzione è arrivata dopo questo secondo affondo. La posizione sarebbe passata prima in rosso, ma si è ripresa e infine è andata a profitto (grande freccia verde). Il trader è stato in grado di vendere l'azione a circa $ 9,50. Dopotutto, avrebbe ottenuto un guadagno del 5,50% in due ore.

Tuttavia, bisogna essere veloci e pronti a prendere ciò che il mercato offre. Come mostra questo esempio, non bisognerebbe dare per scontato che si comprerà sempre sui minimi. Solo per questo motivo, raccomando posizioni più piccole e stop più generosi. In quel caso, lo stop avrebbe potuto essere posizionato intorno a $ 8,50. Con queste operazioni, non otterrai buoni rapporti di rischio-rendimento. Dovresti provare ad ottenere almeno un RRR (risk reward ratio) di 1: 1. Se rischi un dollaro, dovresti provare anche a prenderne uno. In definitiva, è il tasso di successo, che è relativamente alto in questo metodo, che ti darà il profitto.

Nel caso di Green Sky, vediamo che le azioni sono state scambiate in un range tra $ 9 e $ 9,50 per il resto della giornata. La mia esperienza è che è meglio entrare al primo recupero. Recuperi successivi e ondate di acquisti non sono più affidabili.

Figura 16: Signet Jewelers, grafico a 5 minuti

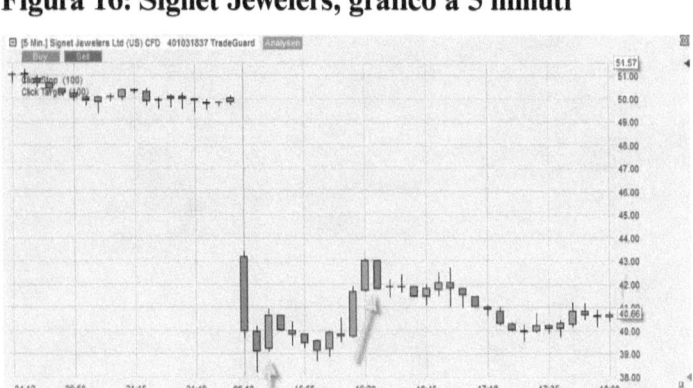

Nel caso di Signet Jewelers, il titolo è passato da $
50 a $ 40 il 6 dicembre - un crollo del 20%. La catena
di gioielli ha registrato una perdita trimestrale di $
29,9 milioni, o $ 1,06 per azione. Nei primi minuti di
trading della giornata, il titolo è sceso a quasi $ 38, poi
sono comparsi i primi compratori, come potete vedere
dalla terza candela, che è stata rialzista. Ad esempio,
se tu avessi comprato qui per $ 40, avresti anche
dovuto aspettare circa mezz'ora per la correzione. Le
azioni sono scese di nuovo sotto i $ 39. Dopodiché,
sono arrivati i compratori e hanno spinto il titolo a $
43. Supponiamo che tu fossi uscito a $ 42 - in un'ora
avresti ottenuto un profitto del 5%.

CAPITOLO 4

---❖---

ESEMPI NEI MERCATI DELLE MATERIE PRIME

Figura 17: Natural Gas, 14 Novembre 2018, grafico orario

I mercati delle materie prime offrono le migliori opportunità per i trader snapback, perché a volte movimenti enormi possono verificarsi in un breve lasso di tempo, il che è raro con le valute o gli indici. Guarda questo movimento al rialzo nei future del gas naturale. Il mercato era rimasto laterale più a lungo nella fascia di $ 3,20. Il 2 novembre, è uscito da questo intervallo ed è quindi arrivato a circa $ 3,50, un buon trenta centesimi in più. Nei giorni successivi, Natural Gas ha continuato a quotare più in alto, con un aumento di oltre 60 centesimi in due ore il 14 novembre. Nel complesso, il mercato è aumentato del 50% in meno di 2 settimane! La sera del 14 novembre, il future ha persino raggiunto $ 4,90 con un secondo movimento.

Figura 18: Natural gas, 14 Novembre, grafico a 15 minuti

Come mostra chiaramente l'immagine, potresti aver già ottenuto un discreto profitto durante il primo movimento, perché il mercato ha corretto di 50 centesimi! Questi sono enormi movimenti intraday, a volte superiori al 10%. Penso che sia ovvio che, come trader, devi adeguare le dimensioni della tua posizione quando operi su quel tipo di mercato.

In serata è arrivata la seconda ondata, che ha portato nuovamente verso $ 4,90. Quindi, quando il future non è riuscito a superare questa resistenza, per me è stato un segnale short chiaro (piccola freccia sopra).

Dovevo solo aspettare il giorno successivo per la correzione. In poche ore, il future è sceso da $ 4,80 a $ 4,00. Questo è un guadagno di oltre il 16%. Non lo otterrai spesso, ma, come vedi, è possibile.

Figura 19: Wheat Future, grafico orario 11.6 - 12.10.2018

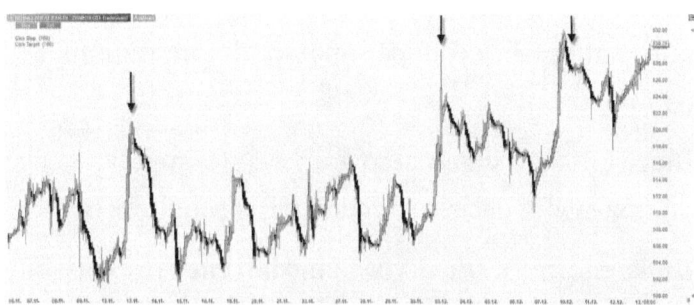

Anche il frumento è una materia prima sulla quale mi piace fare trading. Puoi contare sul fatto che ci sono sempre esagerazioni (verso l'alto o verso il basso) che possono essere scambiate bene. Questo esempio nel grafico orario lo illustra molto bene. Ancora una volta, è meglio comprimere il grafico in modo da poter vedere le esagerazioni a colpo d'occhio. A quel tempo, il frumento oscillava in un range da $ 5 a $ 10, ma si erano verificate tre esagerazioni verso l'alto (frecce rosse), che, per me, erano un chiaro invito ad andare avanti. Funziona sempre? No! Tuttavia, funziona abbastanza spesso e questo è sufficiente. Come puoi vedere, circa ogni due settimane hai una possibilità come questa, se segui questo mercato.

GLOSSARIO

Trading automatizzato o algoritmico: indica il trading automatico di titoli per mezzo di programmi per computer

Black Swan: il cigno nero è un evento imprevisto che dà una svolta decisiva allo sviluppo economico

Broker: fornitore di servizi finanziari che è responsabile dell'esecuzione degli ordini in titoli da parte degli investitori

Bund Future: contratto tedesco a termine, che fa riferimento a un nozionale bond federale tedesco a lungo termine, con una cedola del 6% e una scadenza di 10 anni

Candlestick: codifica delle variazioni di prezzo sulla base di una tecnologia di analisi giapponese

DAX: indice azionario tedesco principale

Trading giornaliero: il trading giornaliero descrive il trading speculativo a breve termine di titoli. Le posizioni vengono aperte e chiuse entro lo stesso giorno di trading, con l'obiettivo di beneficiare delle basse fluttuazioni dei prezzi

Drawdown: perdita massima dal picco di mercato

E-Mini Futures: contratto futures sull'indice americano SP500

Strategia di ingresso: una strategia che determina l'ingresso in un mercato

Strategia di uscita: una strategia che determina l'uscita da un mercato

Media mobile esponenziale: le medie mobili esponenziali (EMA) riducono il ritardo nella formazione del prezzo medio dando maggior peso ai prezzi recenti

Forex: Forex Exchange Market, mercato valutario internazionale.

Francogeddon: il 15 gennaio 2015, la Banca nazionale svizzera ha revocato senza preavviso il tasso di cambio minimo euro di 1,20. Il franco svizzero ha avuto un amento di prezzo di quasi il 20 percento

Futures: contratto futures. Contratto standardizzato per l'acquisto o la vendita di una determinata quantità di commodity ad un prezzo specifico, in una data specifica

Gap: un buco di prezzo tra due giorni di trading

Heikin Ashi: "bilanciamento su un piede" forma di rappresentazione giapponese delle variazioni di prezzo

Tasso di successo: Descrive il rapporto tra le operazioni di profitto e le operazioni di perdita

Indicatore: identificazione dell'analisi tecnica, progettata per determinare i movimenti di prezzo dei titoli

Liquidità: descrive la misura in cui un titolo può essere venduto e acquistato in qualsiasi momento

Long: andare long; avendo acquistato titoli e quindi essendo il proprietario dei titoli

Ipotesi sull'efficienza del mercato: secondo questa teoria, i mercati finanziari sono efficienti nella misura in cui le informazioni esistenti sono già prezzate e quindi nessun partecipante al mercato è in grado di realizzare profitti superiori alla media attraverso analisi tecniche, analisi fondamentali, insider trading o altro

Ritorno verso la media: la tendenza di un mercato finanziario a tornare verso la sua media dopo una posizione estrema

Money management: una strategia a valore aggiunto che mira a controllare il rischio di un portafoglio titoli fissando la dimensione delle singole posizioni di trading

Media mobile: indicatore della media mobile

Pennystock: azioni il cui valore è inferiore a un dollaro nella valuta locale

Pip: percentuale in punto, la più piccola variazione del prezzo nel trading di valute

Risk management: comprende tutte le misure per l'identificazione, l'analisi, la valutazione, il monitoraggio e il controllo dei rischi sistematici

Risk reward ratio (RRR): l'RRR funge da indicatore della significatività di un trade. Viene calcolato dividendo la redditività attesa per la massima perdita possibile (stop loss)

Scalping: tecnica di trading, in cui il trader cerca di prendere profitto dai movimenti minimi di mercato

Posizione corta: un trader short è tale quando vende una posizione senza possederla (vendita allo scoperto)

Short Squeeze: carenza di disponibilità sul mercato di un'azione che è stata in precedena oggetto di short in quantità importanti

Media mobile semplice: una media mobile semplice è calcolata calcolando il prezzo medio di un titolo su un determinato numero di periodi

Slippage: la differenza tra il prezzo stimato e quello effettivo di un acquisto di attività

S & P 500 (Standard & Poor's 500): indice azionario comprendente 500 delle maggiori società americane quotate

Indice azionario: indicatore della performance del mercato azionario nel suo insieme o di singoli gruppi di azioni (ad es. Dow Jones Industrials)

Ordine stop loss: ordine di vendita che viene effettuato una volta raggiunto un determinato prezzo

Ordine take profit: ordine automatico, attivato non appena viene raggiunto un target di prezzo predefinito

Prezzo obiettivo: prezzo di borsa che un titolo deve raggiungere sulla base di un'analisi

Trailing Stop: un ordine stop loss automatico

Trend following: strategia di trading, che si basa sul seguire una tendenza definita

Volatilità: deviazione standard. Indica quanto fluttua un prezzo

ALTRI LIBRI DI HEIKIN ASHI TRADER

Come Avviare un'Attività Redditizia di Trading con €500

Molti nuovi trader hanno un basso capitale disponibile all'inizio, ma questo non è comunque un ostacolo per avviare una carriera di trading.

Tuttavia, questo libro non tratta di come trasformare un conto da $ 500 in un account da $ 500.000. Sono proprio queste aspettative di rendimento esagerate a portare al fallimento molti principianti.

Invece, l'autore ci mostra, in modo realistico, come si può diventare un trader a tempo pieno nonostante il capitale iniziale limitato. Questo vale sia per gli operatori che vogliono rimanere privati, sia per coloro che vogliono eventualmente negoziare dei fondi per conto dei clienti.

Questo libro mostra passo dopo passo come farlo. Inoltre, troverete un piano d'azione concreto per ogni fase. Chiunque può essere in linea di principio un trader, purché sia disposto a scoprire come funziona questo business.

Come fare scalping sul Future Mini-DAX

Grazie all'introduzione dei futures Mini-DAX (FDXM), gli operatori privati con conti più modesti hanno la possibilità di fare scalping sull'indice DAX tedesco alle stesse condizioni dei professionisti. A differenza della maggior parte degli altri strumenti di trading, i futures sono il modo più trasparente ed efficace per guadagnare sui mercati finanziari.

Gli scalper hanno infinitamente più opportunità di trading rispetto ai trader di posizione o ai day trader, fattore che costituisce la vera forza di questo stile di trading. Pertanto, uno scalper può gestire il proprio capitale in modo molto più efficace rispetto a tutti gli altri partecipanti al mercato e conseguire così rendimenti decisamente maggiori rispetto a quanto sarebbe altrimenti possibile.

Heikin Ashi Trader ci mostra in questo libro come fare trading con successo su questo nuovo future sul DAX. Imparerai come entrare nel mercato, come gestire la tua posizione e a che punto dovresti uscire. Inoltre, il libro contiene numerosi consigli e strumenti per rendere il tuo trading ancora più efficace e preciso.

SULL'AUTORE

Heikin Ashi Trader è lo pseudonimo di un trader che possiede più di 18 anni di esperienza nel trading giornaliero sui futures e sui mercati esteri. Si è specializzato in scalping e day trading veloce. In aggiunta a questo, ha pubblicato vari libri auto-esplicativi sulle sue attività di trading. Gli argomenti più popolari sono: scalping, swing trading, gestione del denaro e del rischio.